# HISTOIRE

DE

# N.-D. DE LA TREILLE.

NOTRE DAME DE LA TREILLE
PATRONNE DE LILLE
Célèbre par ses miracles et la vénération des peuples

Autrefois honorée dans l'insigne Collégiale de S.<sup>t</sup> Pierre, aujourd'hui dans l'église Paroissiale de S.<sup>te</sup> Catherine.

L. Lefort a Lille.                                Lith de F.<sup>s</sup> Robaut, Douai.

# HISTOIRE
## DE
# N.-D. DE LA TREILLE,

### AUGUSTE ET MIRACULEUSE PATRONNE

## DE LA VILLE DE LILLE,

D'après Turbelin et le P. Vincart.

avec approbation de Mgr. l'Archevêque de Cambrai.

## LILLE.
### L. LEFORT, LIBRAIRE,
Imprimeur de Mgr. l'Archevêque de Cambrai,
RUE ESQUERMOISE, 55.

1843.

APPROUVÉ ET PERMIS D'IMPRIMER.

CAMBRAI, LE 19 JANVIER 1843.

† PIERRE,
ARCHEVÊQUE DE CAMBRAI.

DE LA PART DE MGR. GIRAUD, *Vic.-gén.*

# AVIS.

Les documents qui ont servi à la rédaction de cet opuscule sont tirés de l'*Origine de la Confrairie de Nostre-Dame de la Treille, érigée en l'église collégiale de St.-Pierre, à Lille, et de la procession annuelle de ladite ville; avec plusieurs miracles impétrez par l'intercession de Nostre-Dame en la chapelle dédiée en son honneur en la dicte église de St.-Pierre*, par M. Pierre Turbelin prêtre, chapelain et régent du séminaire de St.-Pierre à Lille, 1632, in-18 avec approbation;

De l'*Histoire de Nostre-Dame de la Treille, auguste et miraculeuse dans l'église collégiale de St.-Pierre, patrone de la ville de Lille*, composée en latin par le P. Jean Vincart, de la compagnie de Jésus, traduite et augmentée en français par luy-même. Tournay, 1671, in-12 avec approbation.

1 Ces ouvrages sont actuellement très-rares. Nous connaissons un exemplaire du premier à la Bibliothèque Catholique des bons livres, et un exemplaire du second à la bibliothèque particulière de M. Ed. Gachet.

# AVANT-PROPOS.

Justifier le culte de l'image miraculeuse de Notre-Dame de la Treille, dite aussi Notre-Dame de Lille, serait chose inutile pour les fidèles, en faveur desquels a été rédigé cet opuscule. Mais il peut tomber entre les mains de personnes plus étrangères à l'enseignement et à la pratique de l'Eglise, relativement au culte des Saints

et de Marie en particulier. Il ne sera donc pas hors de propos d'exposer quelques réflexions propres à convaincre les plus difficiles, et à ce dessein, de reproduire celles d'un auteur dont la mémoire est en vénération universelle dans notre Flandre, tant par l'éclat de ses vertus, que par son érudition profonde, M. l'abbé Détrez, ancien aumônier de la maison centrale de détention à Loos [1]. « Il est bon, écrit-il [2], de
» définir ce que nous entendons par péleri-
» nage. Le pelerinage, proprement dit, est
» un voyage entrepris par dévotion, soit
» pour se pénétrer plus vivement de quelque
» mystère de la religion, soit pour ho-
» norer plus spécialement Dieu, ou quel-

[1] *Dévotion à Notre-Dame de Grâce;* opuscule sanctionné par l'autorité diocésaine le 29 Mai 1832.

[2] Edition de 1841, chapitre 2, pages 18 et suivantes.

» qu'un des Bienheureux, dans les endroits
» où le Seigneur a coutume d'accorder aux
» fidèles, ou directement, ou par l'inter-
» cession des Saints, certaines grâces par-
» ticulières. *Dieu est en effet partout,*
» dit saint Augustin, *et il ne peut être*
» *contenu ni renfermé dans aucun es-*
» *pace, lui qui a créé toutes choses; et*
» *les vrais adorateurs doivent l'adorer*
» *en esprit et en vérité, afin que, comme*
» *il nous exauce dans le secret, il nous*
» *justifie aussi et nous couronne dans*
» *le secret.* Mais, quant aux choses que
» les hommes connaissent, parce qu'ils
» les voient de leurs yeux, qui peut
» approfondir les desseins de Dieu et ex-
» pliquer pourquoi il se fait des miracles
» dans certains endroits, tandis qu'il
» ne s'en fait point dans d'autres ?.....

## AVANT-PROPOS.

» Car, de même que, selon le dire *de*
» *l'apôtre, tous les Saints n'ont pas la*
» *grâce des guérisons.* ( 1 Cor. xii. v. 30 ),
» *et que tous n'ont pas non plus le dis-*
» *cernement des esprits, de même celui*
» *qui distribue ses dons à chacun, ainsi*
» *qu'il lui plaît, n'a pas voulu que ces*
» *miracles se fissent dans tous les ora-*
» *toires où les Saints sont honorés.* »
» ( Epître soixante-dix-huitième de saint
» Augustin au clergé, aux vieillards et à
» tout le peuple d'Hippone. ) « Aussi,
» l'Eglise a-t-elle condamné comme té-
» méraire, pernicieuse, injurieuse à la
» pieuse coutume reçue partout dans l'E-
» glise, et même à l'ordre de la divine
» Providence, la doctrine et l'ordonnance
» du synode de Pistoie qui généralement
» rejette tout culte spécial, que les fidèles

» sont dans l'usage de rendre à quel-
» qu'image en particulier, en ayant re-
» cours à cette image plutôt qu'à une
» autre, pour s'exciter à la piété et
» obtenir des grâces du Seigneur.

» Il n'est donc pas toujours indifférent
» pour le but qu'on se propose, comme
» se le persuadent faussement beaucoup
» de chrétiens, il n'est donc pas toujours
» indifférent, disons-nous, de prier dans
» une église ou dans une autre, d'ho-
» norer spécialement tel ou tel crucifix,
» telle ou telle image ou statue de la
» très-sainte Vierge ou des autres Saints.
» Dieu est le maître de ses dons, et il
» peut les attacher à telle condition, à
» tel lieu, à tel instrument qu'il lui
» plaît. Nous ne devons pas scruter ses
» desseins. Voilà ce que nous répondrons,

» avec saint Augustin, aux esprits curieux
» qui nous demanderaient des éclaircis-
» sements plus amples que ceux que nous
» avons reçus nous-mêmes de l'Eglise,
» qui est seule la colonne et l'inébran-
» lable appui de la vérité.

» Nous répéterons ici avec cette Eglise
» assemblée dans le saint concile de Trente,
» que nous sommes loin de croire *qu'il*
» *y ait dans les images de Jésus-Christ,*
» *de la très-sainte Vierge, Mère de Dieu,*
» *et des autres Saints, aucune divinité*
» *ou vertu pour laquelle on les doive*
» *révérer; ni qu'il soit permis de leur*
» *demander aucune grâce et d'attacher*
» *sa confiance à ces images en elles-*
» *mêmes, comme faisaient autrefois les*
» *gentils ou païens, qui plaçaient leur*
» *espérance dans leurs idoles;* mais que

» *notre foi se borne à penser que, ces*
» *saintes images doivent être reçues et*
» *conservées principalement dans nos*
» *temples, et qu'il faut leur rendre*
» *l'honneur et la vénération qui leur sont*
» *dûs, en sorte, cependant, que tout cet*
» *honneur se rapporte aux originaux*
» *qu'elles représentent ; et que, par le*
» *moyen des images que nous baisons,*
» *et devant lesquelles nous nous décou-*
» *vrons la tête et nous nous mettons à*
» *genoux, nous adorions Jésus-Christ et*
» *honorions la sainte Vierge, ou les au-*
» *tres Saints dont elles sont la ressem-*
» *blance ; et que ceux qui prétendent que*
» *c'est en vain que l'on fréquente, pour*
» *implorer leurs secours, les oratoires*
» *ou les temples érigés en mémoire ou*
» *en l'honneur de la très-sainte Vierge*

» *et des Saints, doivent être condamnés,*
» *comme les a condamnés depuis long-*
» *temps, dans le second concile général*
» *de Nicée, et les condamne encore au-*
» *jourd'hui la sainte Église.*

» On peut voir, si l'on veut, cette doc-
» trine très-bien développée par Bossuet,
» dans son exposition de la doctrine ca-
» tholique, art. 5.

» Rien n'empêche cependant que l'on
» n'appelle *miraculeuses* certaines images
» de Jésus-Christ, de la sainte Vierge ou
» des autres Saints, à cause des guérisons
» surnaturelles ou d'autres prodiges qu'il
» a plu à Dieu d'opérer en faveur de
» ceux qui implorent l'assistance divine
» ou sollicitent l'intercession de la très-
» sainte Vierge et des Saints devant l'une
» ou l'autre de ces images, ou même

## AVANT-PROPOS.

» en promettant ou désirant seulement
» de les honorer.

» C'est donc dans ce sens et pour cette
» raison que nous qualifierons désormais de
» miraculeuse la statue maintenant honorée
» sous le titre de Notre-Dame de Grâce, etc.[1]

---

[1] Il est clair pour tout esprit juste, que les principes lumineux posés ci-dessus en faveur du culte de Notre-Dame de Grâce, s'appliquent de la même manière au culte de Notre-Dame de la Treille.

# HISTOIRE

DE

# NOTRE-DAME DE LA TREILLE.

## CHAPITRE I.

*Dévotion des habitants de Lille envers Notre-Dame de la Treille.*

IL n'est pas facile de préciser l'origine de la dévotion du peuple de Lille envers Notre-Dame de la Treille. Selon quelques-uns, elle remonte à la fondation de l'insigne église collégiale de Saint-Pierre vers l'an 1047 ; et la statue miraculeuse, que nous possédons encore, y était déjà honorée lors du terrible incendie qui consuma la ville, en 1213, sous le règne de Philippe-Auguste. On pourrait peut-être attribuer à ce désastre l'absence de documents authentiques sur l'origine d'une dévotion, qui fut chère aux habitants de Lille, jusqu'à la fin du siècle dernier. Du moins il est certain que l'image de Notre-Dame de la Treille, quand on se mit à rebâtir Saint-Pierre, y obtint une chapelle [1], et que les nombreuses offrandes des pieux serviteurs de Marie contribuèrent singulièrement à la magnificence de l'église. Il est également hors de doute, que le culte de cette image était généralement répandu dans la contrée en l'année 1269, puisqu'à cette époque fut instituée cette solennelle et pompeuse procession, connue sous le nom de *procession de Lille*, qui attirait une foule immense de pèlerins.

Le séjour dans nos environs, et les prédications de saint Bernard, abbé de Clairvaux, en 1131, n'avaient pas peu servi à étendre le culte de

[1] Elle occupait presque tout le croisillon gauche.

l'auguste Mère de Dieu. Depuis, les Pères de divers Ordres religieux vinrent successivement entretenir et accroître par leurs exemples, leurs discours et leurs écrits, cette précieuse dévotion à la bienheureuse Vierge. Citons entr'autres les enfants de saint Dominique [1], de saint François d'Assise, les Augustins, la Compagnie de Jésus et les Carmes

---

[1] Saint Dominique vivait encore que M. Guillaume du Plouick, prévôt de Saint-Pierre, écrivait en 1219, pour obtenir à Lille quelques-uns de ses ouvriers apostoliques. Le saint fondateur, qui n'avait point encore assez de Religieux pour satisfaire l'empressement de tous ceux qui lui en demandaient, se contenta de charger les PP. qu'il envoyait à Gand, de prêcher à Lille, à leur passage. Ils le firent avec tant de zèle, d'édification et de fruit, que le peuple charmé forma le dessein de les retenir. Cependant leur établissement dans cette ville n'eut lieu qu'en 1224, aux instances réitérées de M. du Plouick et du Doyen de la Collégiale. Ce premier couvent des Dominicains se fit, grâces aux libéralités du chapitre et du peuple, dans un terrain du faubourg de Saint-Pierre, qui n'était séparé de la ville que par un ruisseau; Lille n'ayant point encore de porte ni de muraille de ce côté-là. (*Histoire du couvent des Dominicains de Lille en Flandre, et de celui des Dames Dominicaines de la même ville, dites de Sainte Marie de l'Abbiette.* in-12. avec approbation).

de la réforme de sainte Thérèse. Aussi, peut-on dire avec vérité, que Lille était une des villes qui offraient à l'édification publique le plus de monuments propres à attester sa tendre piété envers Marie. De quelque côté que l'on sortît de la ville, en quelque sens qu'on la traversât, partout s'offraient des chapelles et des images de la sainte Vierge [1]. Les différentes dénominations que les fidèles leur ont données, montrent assez les grâces qu'ils ont obtenues de leur bonne Mère. Les titres les plus ordinaires de ces images, dont plus de

[1] Il semble que l'industrieuse piété des Lillois ait disposé ces Chapelles en forme de citadelles spirituelles ; à l'orient se voyait dans un prieuré de saint Benoit, Notre-Dame de Fives; au midi, à Loos, Notre-Dame de Grâce; de là en tirant sur la gauche, Notre-Dame d'Esquermes, dite Notre-Dame de réconciliation, aujourd'hui église paroissiale d'Esquermes ; vers l'occident, Notre-Dame de Consolation, bâtie par le seigneur d'Haucron, en reconnaissance de ce qu'il avait échappé à un naufrage; au nord, proche de l'Abbaye de Marquette, Notre-Dame de la Barrière, chapelle bâtie en 1625 par M.me du Chastel, dite de Blangerval; un peu plus loin, sur le grand chemin de Menin, la petite chapelle des Obeaux, dédiée à l'Immaculée Conception, et construite par Adrien Lamorald de Gand à Vilain.

quatre-vingt ont échappé à l'impiété révolutionnaire, sont Notre-Dame de Paix, des sept Douleurs, de Bon-Secours, d'Assistance, de Délivrance, de Joie, de Miséricorde, de Foi, des Agonisants, de Bonne-Espérance, de Grâce, de Conservation, etc. etc.

Ne sont-ce pas autant d'émanations de la dévotion primitive du peuple de Lille envers Notre-Dame de la Treille, et autant de fruits de la piété originaire d'une cité, dont la Mère de Dieu avait favorisé l'accroissement autour de son image ?

## CHAPITRE II.

*Description et histoire de la statue miraculeuse de Notre-Dame de la Treille.*

Au rétablissement de Saint-Pierre, avons-nous dit, on avait ménagé une chapelle à dessein de recevoir l'image de Notre-Dame de la Treille, déjà en vénération parmi le peuple. Cette statue est devenue si célèbre, que l'on doit désirer d'avoir sur ce sujet des détails circonstanciés.

La statue est en pierre, peinte au naturel; elle a un peu plus de deux pieds et demi de hauteur; sa pose est celle d'une reine séant en son trône; elle a un sceptre dans la main droite, et de sa gauche, elle soutient l'enfant Jésus sur les genoux. La statue avec son piédestal est environnée d'un treillis en bois doré[1]. De prime abord on ne dé-

---

[1] L'ancienne grille, ou treille, était en fer. Antoinette Deliotte, épouse de Jean Vasseur, noble Sénateur, avait

couvre pas le but de la treille, autour de l'image de Notre-Dame, qui en a pris et conservé son surnom [1]. On est porté à croire qu'on l'y aura placée pour suspendre les offrandes des fidèles; peut-être aussi voulait-on rappeler que la bienheureuse Vierge était la grande protectrice de Lille, semblable à un chancelier qui, suivant l'usage d'alors, était entouré d'un treillis de fer, pour recevoir et entériner les suppliques des peuples. Or, la multitude des faveurs extraordinaires, et la facilité avec laquelle on les obtenait, tant pour l'âme que pour le corps, en visitant l'image

obtenu de la faire dorer (le Chapitre de saint Pierre, par respect pour son antiquité, s'étant toujours opposé à ce qu'on en plaçât une en argent); elle a été perdue en 1792, lors de la destruction de la Collégiale.

[1] L'histoire fait aussi mention d'autres images de Notre-Dame entourées d'un treillis. Au diocèse de Périgueux, il y avait une fameuse abbaye de l'ordre de saint Augustin, sous le titre de Notre-Dame *de la Chancelade*; *S. Mariæ de Cancellatá*. A Valence, en Espagne, on a aussi honoré longtemps une image de Notre-Dame dans une niche fermée d'une grille de fer, où l'on donnait un signal, aussitôt que quelque malheur était arrivé dans les environs de la ville, afin de mettre les fidèles en prières.

miraculeuse, ont pu faire naître la pensée de cette analogie; une remarque peut confirmer dans cette opinion, c'est que, dans les anciens tableaux ou images, qui nous restent de Notre-Dame de la Treille, sont toujours représentées les armoiries de la ville [1].

Quoiqu'il en soit, cette image resta intacte jusqu'à la grande révolution du dernier siècle. L'insigne collégiale de Saint-Pierre, ayant été comme tant d'autres monuments, l'objet d'une cupidité et d'une rage sacriléges, l'image de Notre-Dame de la Treille fut jetée parmi les décombres, et l'on songeait à la briser, lorsqu'un pieux sacristain de la chapelle, nommé Albert Gambier ou Cambier, l'obtint à prix d'argent, de celui qui avait l'inspection des ruines, la porta chez lui, et la garda comme un trésor, l'honorant lui-même, et la laissant honorer par toutes les personnes qui venaient la visiter dans sa maison. Plus tard, cédant aux vives instances d'un respectable marguillier de

[1] Les armes de Lille, avant 1790, étaient une Fleur-de-Lys d'argent, sur un écusson de gueule.

Sainte-Catherine, M. Lefebvre-D'hénin, il lui remit la précieuse image, espérant que par ses soins, elle recevrait plus d'honneur et d'hommages que dans l'habitation d'un simple particulier. Le but de M. Lefebvre-D'hénin était de la donner à son église paroissiale ; ce qu'il fit, à la grande satisfaction des fidèles. Accueillie avec une joie universelle, elle fut reconnue par un bon nombre de personnes, qui l'avaient tant de fois vénérée à Saint-Pierre, son antique sanctuaire. Tous les anciens dirent d'*une voix unanime* que c'était réellement leur Vierge chérie, évidemment la même Dame de la Treille, qu'eux et leurs ancêtres avaient connue. On la portait aux processions du très-saint Sacrement et de l'Assomption : une chapelle (actuellement dite des trépassés), lui fut assignée au bas de l'Eglise, sur la gauche. Quelques années plus tard, elle fut transportée dans le chœur, derrière le Maître-Autel. Elle est aujourd'hui dans la chapelle principale qui porte son nom, où elle se trouve depuis l'inauguration du mois de Marie 1842. Elle est posée comme elle l'était autrefois à Saint-Pierre, au témoignage de plusieurs témoins oculaires, qui ont vu l'une et l'autre chapelle, avec la Vierge, qui en fait la gloire, et déjà l'amour et la confiance sont en possession d'attirer de nouveau les fidèles devant l'image de leur puissante patronne.

## CHAPITRE III.

*Des premiers miracles de Notre-Dame de la Treille.*

On ne peut guères découvrir d'une manière certaine, si avant 1254 Notre-Dame de la Treille s'est fait connaître par des miracles. Mais, cette année précisément, elle les fit éclater en grande abondance. Avec ces faits prodigieux et consolants redoubla la dévotion des habitants de Lille. Ils négligèrent cependant d'en recueillir les détails, et il ne nous en est parvenu d'autre trace, que la *Festivité nouvelle de la Vierge*, (dont nous parlerons plus au long), instituée *en mémoire des miracles opérés en l'année* 1254. La Foi simple de cette époque se contentait de les croire, s'attachant plus encore à la Vierge, qu'aux merveilleux effets de son intercession, dont néanmoins le souvenir était perpétué par la tradition orale; bien que leur réalité ne fût point constatée par des pièces authentiques. D'ailleurs, est-il hors de vraisemblance que des actes dressés en leur temps dans les formes requises, aient péri au milieu des guerres et dans les divers incendies qui désolèrent notre cité?

Quelle que soit la cause de l'absence de ces précieux documents, on ne saurait raisonnablement douter, qu'il se soit opéré dans le 13ᵉ siècle de vrais miracles, comme l'indiquait un tableau suspendu au milieu du chœur de Saint-Pierre. On y lisait que la procession de l'octave de la sainte Trinité ¹ *avait été instituée en cette Eglise, en révérence des miracles, qui avaient commencé par l'intercession de la glorieuse Vierge Marie.*

Voilà donc des miracles qui étaient certains, lors de l'institution de cette première procession; or, que cette institution ait eu lieu en 1269, c'est un fait avéré, dont la date est incontestable;

---

¹ A primâ processione hujus Ecclesiæ, institutâ octavâ Sanctæ Trinitatis ad reverentiam miraculorum quæ ad invocationem gloriosæ Virginis Mariæ cœperant.

nulle histoire ne la rapporte autrement. D'après le texte cité, il s'agit d'un côté, non d'un miracle isolé, mais d'une série de miracles qui avaient *commencé précédemment* et d'une manière ostensible; de l'autre, d'un monument public, érigé en présence de témoins oculaires, auxquels on semblait en appeler. Il est plus facile encore d'établir que ces faits miraculeux continuèrent à se produire jusqu'en 1671 [1]. De plus, on peut invoquer les témoignages de la comtesse de Flandre, Marguerite, de Guy, son fils, la lettre d'un Légat du saint-siége, et surtout l'établissement de la confrérie de Notre-Dame de la Treille.

La solennité avec laquelle s'inaugura cette confrérie, les personnages illustres qui s'y inscrivirent publiquement, supposent nécessairement un éclat extraordinaire, jeté au loin par l'image de Notre-Dame de la Treille, et qui ne peut raisonnablement s'expliquer que par un grand nombre de prodiges.

[1] Année où parut l'ouvrage français du père Vincart.

## CHAPITRE IV.

*Origine de la Confrérie de Notre-Dame de la Treille.*

Tous les historiens s'accordent généralement à placer l'institution *canonique* de la confrérie de Notre-Dame de la Treille, en **1254**. Voici ce que, dans une adresse aux lecteurs, le père Vincart dit avoir découvert au sermon 8 *de Rosario*, du R. P. Corneille Snékis, prédicateur de l'ordre de saint Dominique. « Dans l'église de Saint-Pierre,
» à Lille, j'ai tenu entre les mains un ancien
» livre écrit sur parchemin, touchant l'institution
» d'une confrérie de la Dame appelée de la Treille,
» institution qui eut lieu l'an 1237 ; et là j'ai trouvé
» les noms de plusieurs filles pieuses, qui, au
» lieu d'une rétribution pour procurer à la con-
» frérie les luminaires et autres choses néces-
» saires, ont offert des dons spirituels, tels que

» des psautiers de David et de la sainte Vierge.
» *D'où il appert*, conclut le P. Vincart, *que
» cette confrérie a commencé plus tôt à s'éta-
» blir, ensuite des premiers miracles de Notre-
» Dame de la Treille, par la dévotion particu-
» lière des fidèles : quoiqu'elle n'ait été con-
» firmée et établie canoniquement que par le
» pape Alexandre IV, l'an 1254.* »

A cette époque 1254, Lille était gouvernée par Marguerite, comtesse de Flandre, fille de Bauduin IX, empereur de Constantinople, laquelle, à une piété rare, joignait une charité peu commune [1]. Sa dévotion à la sainte Vierge servait de modèle à celle du peuple, qui se portait en foule aux chapelles de Marie, et principalement à la chapelle privilégiée de l'église Saint-Pierre, au sanctuaire de la célèbre image de Notre-Dame de la Treille, à cause des miracles qui avaient commencé à s'y opérer. L'affluence de ces pieux fidèles et même de nombreux étrangers, de toute condition et de tout pays, avides de participer à ces

[1] Elle fonda l'hospice du Béguinage, l'hôpital de Seclin et le prieuré de Fives.

grâces merveilleuses, fit naître la pensée de les unir par un lien commun, et d'instituer dans ce but une confrérie générale, sous la protection de Notre-Dame de la Treille. Ce projet s'exécuta avec un concert unanime de suffrages et d'applaudissements. Le chapitre de Saint-Pierre s'y prêta de grand cœur, et la pieuse comtesse Marguerite, ainsi que Guy, son fils, l'accueillirent avec de vives démonstrations de joie.

On conçoit que des personnages aussi recommandables par leur rang et leur mérite, contribuèrent beaucoup à rendre cette confrérie célèbre en peu de temps. Restait à lui donner une forme canonique. Le chapitre de Saint-Pierre lui obtint du pape Alexandre IV, une approbation solennelle, sous le titre de Notre-Dame de la Treille; et, touché des miracles obtenus par l'intercession de la bienheureuse Vierge, le même pontife accorda à la confrérie de précieuses indulgences.

## CHAPITRE V.

*Institution d'une fête et d'une procession en l'honneur de Notre-Dame de la Treille.*

E bruit des grâces et guérisons fréquentes, obtenues par Notre-Dame de la Treille, se répandait dans toutes les villes des comtés de Flandre et du Hainaut, et parmi les pélerins, qui arrivaient à Lille, pour se rendre droit à la chapelle miraculeuse, spécialement les affligés s'en retournaient, dit Turbelin, *du tout* (tout à fait) *soulagés et délivrés de leurs maux*. Témoin de ces merveilles, et suivant l'esprit de l'Église, qui, à diverses époques, a établi des fêtes particulières pour reconnaître certains bienfaits signalés, le chapitre de Saint-Pierre crut devoir entretenir et s'il était possible, accroître la dévotion envers Notre-Dame. Il arrêta qu'annuellement, le dimanche après la fête de la sainte Trinité, tout le clergé célébrerait avec grande pompe l'office de Notre-Dame de la Treille, et que la solennité s'apellerait *la Festivité nouvelle de la Vierge*. Le peuple de Lille en ressentit une véritable joie, et chaque année, l'affluence était telle que l'église ne pouvait contenir tous les pieux fidèles. C'était encore trop peu pour satisfaire leur amour envers leur Vierge chérie. Depuis quinze ans que les miracles avaient commencé, messieurs du chapitre, les voyant se multiplier d'une manière merveilleuse, conçurent le dessein de rendre plus solennelle encore *la Festivité nouvelle*. Ils y ajoutèrent une procession des plus magnifiques, à laquelle la comtesse Marguerite concourut de tout son pouvoir. Au mois de février 1269, elle écrivit pour la Flandre et le Hainaut une lettre, monument éternel de sa piété et de la noblesse de ses sentiments. Elle y octroie de grands priviléges; c'est là que l'on voit Notre-Dame de la Treille, pour la première fois proclamée Notre-Dame de Lille, comme le proclamèrent aussi messieurs du magistrat de la ville, dans la publication de la procession, et de la franchise qui lui était annexée.

HISTOIRE

## CHAPITRE VI.

*Première procession en l'honneur de Notre-Dame de la Treille, et ce qui la suivit.*

Sans doute, on sera charmé d'avoir une idée de ce genre de dévotion populaire, si propre à produire dans les esprits et les cœurs les plus heureux résultats. Voici quelques détails sur ces magnifiques processions, célébrées en l'honneur de Notre-Dame de la Treille.

L'an 1269, le deuxième jour de Juin, le dimanche après la fête de la très-sainte Trinité,[1] eut lieu la première de toutes. Il fut arrêté que, *sortant de l'église de Saint-Pierre, elle marcherait*

---

[1] Ce jour coïnciderait maintenant avec le dimanche de la solennité et de la première procession de la Fête-Dieu.

*par les rues royales jusques à la porte dite des Malades*[1]. La veille, plusieurs députés, choisis entre les chanoines de la collégiale et messieurs les magistrats de la ville, accompagnés d'experts, avaient été à cheval, s'assurer de l'état et de la propreté des chemins, et faire la visite des rivières, ponts et autres lieux, qui auraient offert quelque difficulté. Au départ de la procession, deux échevins, avec deux sergents à verges, réglaient la marche. S'avançaient les maîtres de métiers, des torches à la main, les connétables des archers et arbalétriers, à la tête d'une troupe nombreuse, tous en armes brillantes. A leur suite les confrères des Saints Lieux, les religieux de saint Dominique, les Franciscains dits Frères mineurs de l'Observance, tout le clergé de la ville, chantant des hymnes et des prières à la gloire de la Reine du ciel; les instruments d'une brillante harmonie succédaient alternativement à ces chants graves : puis venaient les bourgeois, portant des flambeaux. Après cet imposant cor-

[1] Turbelin, *page* 23.

tége, paraissait sous un dais magnifique la noble et très-précieuse châsse de Notre-Dame, appelée la bonne Fierte, toute dorée, ornée de pierreries, tenue de toute antiquité en grand honneur et singulière vénération, à cause des reliques insignes qu'elle renfermait, entr'autres, croyait-on, des cheveux de la sainte Vierge. Elle était toujours accompagnée tant en dedans qu'au dehors de la ville, par le bailli de Lille, ou son lieutenant [1], et ses huissiers ; suivaient les magistrats accompagnés des personnages les plus éminents en dignité [2]. Un peuple innombrable, formant deux

[1] Elle était portée par quatre hommes au service de MM. du Magistrat. Eux-mêmes prirent plusieurs fois soin de la décoration de la châsse de Notre-Dame : au compte de 1393, il est porté une pièce de drap d'or pour la couvrir. En 1396, envoi de quatre banderoles d'armoisin écarlate avec les armes de la ville. Le compte de 1397 nous apprend que le jour du Saint-Sacrement et à la procession, les Magistrats portaient le dais au-dessus de la châsse de Notre-Dame. Elle leur était remise par le chanoine, maître de Saint-Pierre, entre les mains duquel ils la déposaient après la procession, à la charge de faire raccommoder à leurs frais tout ce qui y aurait été brisé ; ainsi fut observé en 1742.

[2] Plus tard, le nombre des saintes Reliques augmen-

haies compactes, marchait partie devant, partie derrière le clergé, les uns nu-pieds, les autres

ta. Au milieu du clergé de Saint-Pierre, était porté dans une châsse très-riche, visitée en 1229, par Walter, Evêque de Tournai, le corps de saint Eubert, patron de Lille, dont la tête recouverte d'argent et ornée de la mitre épiscopale, était à part, renfermée dans un autre reliquaire ; un troisième contenait plusieurs reliques des compagnes de sainte Ursule ; d'abord recouvert de velours rouge, plus tard il fut revêtu d'argent par le chanoine Jean Bauvet. Les *aînés* des vicaires portaient enchâssée en argent la tête de sainte Concorde, nourrice de saint Hippolyte. On remarquait deux reliquaires en or et en argent, qu'avaient donnés aux Jésuites, Messieurs du Magistrat, par vénération et estime pour leur ordre, et les services qu'ils rendaient aux familles et aux lettres. Ils contenaient les corps de saint Victor et de son compagnon, martyrs à Rome, qui appartenaient à l'église des Pères de la compagnie de Jésus (aujourd'hui église paroissiale de Saint-Etienne) et qui avaient été envoyés en Flandre par le Général de cet ordre, après avoir été extraits du cimetière de Sainte Priscille, à Rome. Les Chapelains de l'église de Saint-Etienne (aujourd'hui détruite) portaient une châsse très-riche, représentant l'histoire de ces saints Martyrs, et renfermant deux de leurs ossements. Venaient ensuite les reliques de saint Vital, de sainte Catherine, de sainte Agathe ; les Pères Dominicains amenaient avec eux l'image de Notre-Dame du Rosaire, etc. Telles étaient les précieuses richesses qui accompagnaient la

tenant un chapelet qu'ils arrosaient souvent de leurs larmes, et tous la tête découverte, invo-

châsse de Notre-Dame en l'année 1632, ( voyez Tur-belin. )

Plus tard encore la procession s'augmenta de plusieurs saintes images.

1.º Messieurs du Chapitre ont permis aux administrateurs et membres du buffet de la Confrérie, sous le titre de Notre-Dame de Liesse, en la paroisse de Saint-Maurice, de porter à la procession de la ville ladite représentation nouvelle, faite en argent. (27 Mars 1744), voir MMS. de la collégiale de Saint-Pierre, registre KK; *archives générales du département du Nord.*

2.º A la requête des administrateurs et maîtres du buffet de la Confrérie érigée sous le titre de Notre-Dame de Grâce, en l'église paroissiale de Saint-Etienne, Messieurs les Chanoines ont permis de porter à la procession solennelle de cette ville, ladite représentation nouvelle, faite en argent (26 Mai 1747, registre PP. *page* 73).

3.º A la requête des Doyen et Marguilliers de l'église paroissiale de Saint-Etienne, Messieurs du Chapitre ont permis de porter, à la procession solennelle de cette ville, l'image et la représentation de sainte Marguerite. ( 26 Mai 1758 ibid. registre MM. *page* 82 ).

4.º Notre-Dame de Paix, de Sainte-Catherine, admise à la procession. ( 8 Juin 1764, ibid. registre MM. *page* 384 ).

quant avec ferveur Marie, patronne de leur ville. Ce touchant spectacle se réitérait neuf jours consécutifs, avec le même ordre et toujours la même dévotion.

Le pouvoir civil avait secondé, et il entretint encore la piété des habitants par de nouveaux priviléges. La comtesse Marguerite et Guy de Dampierre, son fils, donnèrent l'année suivante, 1270, le jour de la sainte Trinité, d'autres lettres en confirmation de la procession et « *au regard*
» *des étrangers, ils octroyèrent, que ceux qui*
» *n'avaient pas la liberté de venir en la ville,*
» *pour quelque forfaict, non-seulement pour-*
» *raient venir le dimanche, mais dès le samedi*
» *devant, au midi, afin qu'entrez en ville avec*
» *plus de tranquillité, moins de fatigue et meil-*
» *leure préparation; le jour en suivant, pour-*
» *raient assister à la procession, et faire ou*
» *le soir du samedi, ou le matin du dimanche,*
» *tout devoir de gaigner les indulgences etc.* [1]. »

Les souverains pontifes et leurs légats en

---

[1] Turbelin, *page* 26.

accordèrent effectivement de très-précieuses : A ce sujet, on peut voir les lettres de Radulphe, évêque d'Albanie et légat du Saint-Siége, en date d'Angers, le 3 Septembre 1269 ; du nonce apostolique, à Rouen, Nicolas, prêtre et cardinal du titre de Sainte-Croix de Jérusalem, en 1431 ; du pape Eugène IV, par rescrit, daté du 17 Septembre 1433 ; de Clément VIII, le 27 Septembre 1602 ; de Mgr. Jean Cheverot, évêque de Tournai, le 2 Juin 1460 ; de Guillaume Fillastrius, son successeur, le 3 Juin 1463 ; de Mgr. Ferryc de Clugny, aussi évêque de Tournai, cardinal, en date du 8 Novembre 1480.

La concession de ces indulgences, l'admission d'un plus grand nombre de saintes reliques, l'augmentation du corps de musique sacrée près de la châsse de Notre-Dame, eurent pour résultat de soutenir la dévotion des fidèles et des confrères : aussi laissait-elle une salutaire impression, qui produisait d'heureux effets, même au dehors. Durant l'octave, il y avait affluence à Saint-Pierre, tout le

[1] Une pieuse dame l'avait ordonné par testament.

jour; des familles entières, après le repas du soir, venaient prier à la chapelle miraculeuse, devant les saintes reliques, y allumaient des cierges, et quelquefois, jusque bien avant dans la nuit, la nef restait garnie de fidèles en prières. Le lendemain, à l'aurore, d'autres arrivaient et se préparaient, après avoir salué l'image de leur puissante patronne, à faire le tour de la procession. En 1634 et 1635, on en compta plus de 10,000 en un même jour; ils portaient à la main un petit drapeau orné des images de Notre-Dame et de saint Pierre, et certes, *cette dévotion est si particulière à ce peuple, de faire une fois au moins le tour de la ville, durant l'octave de la procession, que plusieurs tiendraient avoir faict faute de bon bourgeois, d'y manquer* [1], etc.

Pour clore enfin la neuvaine, le lundi qui suit le troisième dimanche après la Pentecôte, se célébrait à Saint-Pierre une fête spéciale, sous le titre de *Reposition des saintes Reliques*, avec presqu'autant de pompe que la Festivité nouvelle [2].

[1] Turbelin, *page* 92.
[2] Le 12 Mai 1754, Messieurs du Chapitre ont invité

Est-il possible de trouver ailleurs un plus bel ensemble de vénérables autorités, de personnages graves et d'augustes cérémonies, pour témoigner de la dévotion du peuple de Lille envers Notre-Dame de la Treille, et de l'impression extraordinaire, qu'avait laissée dans tous les esprits cette protection de Marie, qui se signalait par une multitude incessante de miracles de tout genre !

le Magistrat de cette ville, à la messe solennelle et à la procession qu'on fera le jour de la *Rassise des Fiertes* (reposition des châsses), à l'occasion de l'année centenaire de la confrérie de Notre-Dame de la Treille, le 31 Mai 1754 ; ils ont résolu qu'on chantera après la grand messe du chœur, la messe votive de la sainte Vierge, en sa chapelle, le jour de la *rassise* des châsses, cette année, qui est la séculaire de l'institut de Notre-Dame de la Treille, et ils ont ordonné d'inviter à cette messe tous les Corps et supérieurs de Communautés ; de plus, d'inviter le clergé et les communautés à la procession. (Registre PP. *pages* 461 et 463).

# CHAPITRE VII.

*Quelques autres détails sur la dévotion à Notre-Dame de la Treille.*

La Confrérie de Notre-Dame de la Treille, instituée par affection pour la très-sainte Vierge, prit sans doute de là le nom de *Charité de Notre-Dame*, CHARITAS B. VIRGINIS SEU DOMINÆ NOSTRÆ, titre que lui assignaient d'anciens registres et documents, consultés par le P. Vincart. Peut-être, vu que rien n'attire plus efficacement que l'amour, Marie fit-elle adopter ce nom de *Charité*, comme devant être un attrait à s'enrôler dans sa Confrérie, sans distinction de pays, de mœurs et de langage. On trouvait enregistré un grand nombre de personnes venues d'Allemagne ; il y en avait d'Amiens, de St.-Quentin, de Paris, de Cologne, etc. ; et l'on a remarqué que les haines allaient en s'apaisant parmi les fidèles, dès que leurs noms se rencontraient dans la Confrérie. Les parents s'inscrivaient eux-mêmes avec leurs enfants, et promettaient d'inscrire en leur temps, ceux que Dieu leur enverrait encore. Les nouveaux mariés étaient dans l'usage de s'y faire recevoir conjointement, quoiqu'ils y fussent déjà séparément inscrits. Plusieurs allèrent plus loin; des chapelains de Saint-Pierre en ont pris leur titre et leur dénomination, et l'un d'eux, laissant son nom de famille, se fit appeler *de la Treille de Notre-Dame;* d'autres, en 1636, portaient au doigt des anneaux d'or et d'argent, avec ces mots: *Notre-Dame de la Treille* [1].

Outre que les libéralités des confrères, en faveur de leur Vierge chérie, contribuèrent à rétablir l'église ruinée de Saint-Pierre, plusieurs personnes, tant ecclésiastiques que séculières, laissèrent de leurs biens à cette chapelle, et y firent d'importantes fondations.

[1] Et l'on voit encore maintenant de grandes Médailles frappées en l'honneur de Notre-Dame de Lille.

DE N.-D. DE LA TREILLE.

## CHAPITRE VIII.

*Philippe, Duc de Bourgogne, consacre les chevaliers de la Toison-d'or à Notre-Dame de la Treille, et fait restaurer sa chapelle.*

HILIPPE, duc de Bourgogne, comte de Flandre, surnommé le Bon, tenait sa résidence à Lille, au palais connu encore sous le nom de *Cour du Roi*. Il affectionnait beaucoup la sainte Vierge, et avait une grande vénération pour son image de la *Treille*. Ce fut lui qui fit embellir la chapelle de Notre-Dame, comme on la voyait encore avant la révolution : l'image vénérée était au plus haut de l'autel, dans une niche en pierre du pays, ornée de plusieurs obélisques. La table de l'autel, en bois doré, représentait les principaux mystères de la sainte Vierge, artistement sculptés en relief ; sur les côtés, avec son épouse Elisabeth de Portugal, paraissait le duc Philippe, en costume de chevalier de la Toison d'or. Cet ordre militaire lui devait son institution : il voulut, pour en rendre les membres plus respectables aux yeux des peuples, et plus fidèles à leurs devoirs, les consacrer à Notre-Dame de la Treille. Il tint donc la première assemblée à Saint-Pierre, le jour de saint André, l'un des patrons de l'ordre, 30 Novembre 1431. Les chevaliers¹ étaient au nombre de vingt-

¹ Voici les noms des Chevaliers : (Vincart in-12, *pages* 56, 57 et 58).

## LE BON DUC PHILIPPE.

1. Messire Guillaume de Viennes, seigneur de St.-George et de Ste.-Croix.
2. Messire Regnier Pot, seigneur de la Prugne et de la Roche Noulay.
3. Messire Jean, seigneur de Roubay et de Herselles.
4. Messire Roland de Witkerke, seigneur de Hemsrode et Herstrunt.
5. Messire Antoine de Vergy, Comte de Dampmartin, seigneur de Champlite et de Rigney.
6. Messire David de Brimeu, seigneur de Ligny.
7. Messire Hué de Lannoy, seigneur de Santes.
8. Messire Jean, seigneur de Comines.
9. Messire Antoine de Toulonion, seigneur de Traves et de la Bastile.
10. Messire Pierre de Luxembourg, Comte de St.-Pol, de Conversan et de Brienne, seigneur d'Enghien.

quatre, et le prince les avait *agréés pour compagnons d'une guerre sainte et illustre*, et

11. Messire Jean de la Tremoüille, seigneur de Jonvelle.
12. Messire Guilbert de Lannoy, seigneur de Wilerval et de Trochienne.
13. Messire Jean de Luxembourg, Comte de Ligny, seigneur de Beaurevoir et de Boubain.
14. Messire Jean de Villers, seigneur de Lille Adam.
15. Messire Antoine, seigneur de Croix et de Renty.
16. Messire Florimond de Brimeu, seigneur de Massincourt.
17. Messire Robert, seigneur de Masmines.
18. Messire Jacques de Brimeu, seigneur de Grigny.
19. Messire Baudouin de Lannoy, dit le Bègue, seigneur de Molembais.
20. Messire Pierre Beffroidmont, seigneur de Charny.
21. Messire Philippe, seigneur de Ternant et de la Motte.
22. Messire Jean de Croy, seigneur de Tour-sur-Marne.
23. Messire Jean, seigneur de Créquy et de Canaples.
24. Messire Jean de Neufchastel, seigneur de Montaigu.

Le Prince ayant jugé à propos d'establir Messire Simon de Lalain, seigneur de Hantes en la place du seigneur de Montaigu; et en la place du seigneur de Masmines défunct, Messire Fréderic Valeran, Comte de Meurs.

Lesquels, toutefois, n'ont pas assisté à la première assemblée de Lille, mais à la deuxieme.

*aux plus hautes entreprises, à quoi la foy et la piété les obligeraient* [1], et choisis d'entre les principaux seigneurs de ses états, et les plus connus par leur valeur. Ils sortirent du palais en costume de chevalier, le duc à leur tête et à cheval. Ils furent reçus par les chanoines de Saint-Pierre et tout le clergé : introduits dans le chœur, ils assistèrent à une grand'messe en musique, et tous se consacrèrent solennellement à Notre-Dame de la Treille. Au sortir de l'église, le prince donna dans son palais un repas somptueux ; ce qui ne les empêcha point de revenir tous assister aux vêpres de cette fête religieuse.

En 1455, Philippe fit élever, au milieu de la chapelle de Notre-Dame de la Treille, un tombeau en marbre noir, orné de bronze, de la hauteur de cinq pieds, pour honorer la mémoire de ses aïeux, Louis de Mâle, comte de Flandre, Marguerite, son épouse, et Marguerite, leur fille [2]. Il assigna, sur ses domaines, des revenus

---

[1] Paroles du Duc aux Chevaliers, à la première assemblée.

[2] Au-dessus du Mausolée on voyait Louis de Mâle

pour faire célébrer, en l'honneur de Notre-Dame, et pour le repos des âmes de ses aïeux, deux messes tous les jours. Une autre fut fondée pour

en costume de Comte de Flandre avec sa cotte d'armes, un lion à ses pieds, entre son épouse et sa fille. Sur la base du lion, on lisait cette inscription en latin : Ce monument a été dressé à la mémoire de ses ancêtres, par ordre de très-haut et très-puissant Prince Philippe, par la grâce de Dieu, Duc de Bourgogne, de Lotriche, de Brabant et de Limbourg; Comte de Flandre, d'Artois et de Bourgogne: Palatin de Haynaut, de Hollande, Zélande et Namur; Marquis du Saint-Empire, Seigneur de Frise, de Salins et de Malines, et fut fait à Bruxelles par Jacques de Germes, bourgeois de Bruxelles, l'an 1455.

En haut sur l'airain, on avait gravé : Ici gisent les très-hauts et très-puissants Prince Louis de Mâle, Comte de Flandre, Duc de Brabant, Comte d'Artois et de Bourgogne, Palatin et seigneur de Salins, Comte de Nevers et de Rhétel, seigneur de Malines : Marguerite sa femme, fille de Jean Duc de Brabant, et Marguerite de Flandre, leur fille, mariée à très-haut et très-puissant Prince Philippe fils du Roi de France, Duc de Bourgogne, lesquels trépassèrent, Louis le 9 Janvier 1388, Marguerite de Brabant l'an 1368, et Marguerite, leur fille, l'an 1404, desquels à savoir est de Philippe, Duc de Bourgogne, et Marguerite de Flandre descendent tous ces Princes et princesses dont on voit les statues autour de ce tombeau.

tous les samedis, à l'autel de Notre-Dame, où l'orgue devait être touché. Les indulgences qu'avait accordées, en 1433, le pape Eugène IV, avaient été sollicitées par une lettre écrite de la main même du prince.

DE N.-D. DE LA TREILLE.

# CHAPITRE IX.

*Dévotion à Notre-Dame des Sept-Douleurs, annexée à celle de Notre-Dame de la Treille.*

'EST encore au duc Philippe le Bon que Lille fut redevable de la dévotion à Notre-Dame des Sept-Douleurs. Ce prince, apprenant les violences que les infidèles exerçaient sur les chrétiens, leurs captifs, et les apostasies qu'arrachait à ceux-ci la crainte des supplices, en conçut une douleur extrême. Il destinait ses valeureux chevaliers de la Toison d'or à délivrer ses frères dans la Foi; mais des obstacles insurmontables l'en empêchèrent. Il résolut alors d'annexer à la dévotion envers Notre-Dame de la Treille, la méditation des douleurs de la Vierge, tant pour entretenir la première ardeur de ses pieux chevaliers, que pour se consoler lui-même des maux auxquels il ne pouvait actuellement remédier. Il fit donc, en 1450, placer à Saint-Pierre l'image des douleurs de Marie, près de l'image miraculeuse de la Treille. Il y méditait sur les peines qui avaient inondé le cœur de la Mère de Jésus, et la priait instamment de hâter l'instant où il lui serait donné d'arracher les chrétiens au dur esclavage qui les enchaînait, avec tant de périls, pour leur fidélité aux croyances catholiques.

Cette dévotion à Notre-Dame des Sept-Douleurs fut accueillie favorablement par messieurs du Chapitre de Saint-Pierre, qui l'inspirèrent au peuple, par leurs instructions et leurs exemples. Plus tard, afin de la consacrer d'une manière plus auguste, vers 1570, ils commencèrent à en faire publiquement l'office, et à en célébrer chaque année une fête spéciale, le vendredi de la semaine de la Passion. Cet office, qui est des plus beaux, fut approuvé par les papes Alexandre VII et Clément IX, pour toutes les églises qui ont une confrérie de ce nom, et en particulier pour *les églises paroissiales de Lille*. Le Chapitre ne s'en tint point là ; afin de rendre cette dévotion plus populaire encore et plus pratique, en 1635 il fit ériger dans le pourpris de la collégiale, les sept stations des douleurs de la sainte Vierge [1], représentées par autant de tableaux, dont les deux derniers, la descente de Croix et la Sépulture, se trouvaient dans la chapelle même de Notre-Dame de la Treille [2]. Mgr. Maximilien de Gand à Vilain, accorda des Indulgences à ceux qui feraient dévotement les sept stations de Notre-Dame des sept Douleurs.

[1] La prophétie du vieillard Siméon. La fuite en Egypte. La perte de Jésus dans le temple. La rencontre de Jésus portant sa croix. Le crucifiement. La descente de croix. La sépulture.

[2] Dans le dix-septième siècle, devant la Chapelle paroissiale, on plaça l'épitaphe suivante :

« Cy gist Monsieur Robert Imbert, prêtre licencié ès-
» droits, chantre et chanoine de cette église, fils de
» feu Nicolas, en son temps, Ecuyer, Seigneur *de la*
» *Falesque Basecque*, décédé en 1614 ; lequel a fondé en
» cette dite église, une messe tous les jours de l'an, à
» célébrer par Messieurs les Chanoines ; et une autre
» chantée chacune semaine de l'an, *à l'honneur des*
» *sept douleurs de Notre-Dame*, en sa chapelle dite de
» la Treille, avec distribution à sept pauvres présents
» à ladite Messe, de quatorze patars chacun. Qui mourut
» le 22 Juing 1645. Resquiescat in pace.

HISTOIRE

# CHAPITRE X.

*Hommages et consécration solennelle de Lille, à Notre-Dame de la Treille.*

NE pieuse dame, ayant enfin obtenu du Chapitre de Saint-Pierre de décorer, avec une pompe nouvelle, l'autel de Notre-Dame de la Treille, on vit en 1634 une cérémonie non moins remarquable par la piété, que par l'affluence surprenante du peuple. Les travaux qui s'exécutaient, avaient forcé d'ôter la statue miraculeuse, de la place qu'elle occupait depuis plus de deux cents ans. Une procession générale fut arrêtée par messieurs du Chapitre, pour le jour où on l'y rétablirait : le magistrat et les autres corps de justice, et d'administration publique, y furent invités. La sainte image, enrichie d'or et de pierreries, était portée par quatre chanoines, en surplis et en étole : deux stations se firent, l'une à l'Hôtel-de-ville, l'autre à l'hôtel de la Chambre des Comptes, et des motets en musique y furent chantés ; puis la procession revenant par la paroisse de Sainte-Catherine, se termina à Saint-Pierre, où furent chantées les Litanies, et l'image de Notre-Dame de la Treille fut replacée dans son sanctuaire embelli, objet de la dévotion et des libéralités continuelles des fidèles [1]; d'où l'ont chassée en 1792 les passions aveugles de quelques hommes avides de révolution.

La piété du peuple de Lille envers sa bienheureuse patronne, allant toujours croissant, le Chapitre de Saint-Pierre conçut le dessein d'en transmettre aux générations futures un monument durable, et de consacrer pour toujours à Marie la ville tout entière. A ce sujet, il envoya une députation à messieurs du Magistrat, qui par l'organe de Vasseur, leur mayeur, répondirent très-gracieusement : « *Qu'ils feraient volontiers*

---

[1] Tout dans les boiseries et les ornements de cette chapelle retraçait les principales actions de Marie.

*tout ce qui était à l'honneur de la sainte Vierge Notre-Dame de la Treille. C'est pourquoi ils accordaient de faire chanter une Messe solennelle, à l'autel de la même Vierge, en l'église de Saint-Pierre, où ils assisteraient en Corps, et feraient porter les cles de la ville sur l'autel, et offrir à Notre-Dame, à la Messe; l'acceptant de nouveau pour patronne tutélaire de la cité; qu'à cette fin ils feraient porter par leur héraut,* LE LABARUM, (ou étendard) *de la dédicace; lequel demeurerait en ladite chapelle pour témoignage authentique de cette dévotion.* » De concert, on choisit le 28 Octobre 1684, jour des saints Simon et Jude, Apôtres: la veille, le signal de la solennité fut donné par les grosses cloches de Saint-Etienne et de Saint-Pierre. Le matin, vers huit heures, au son des tambours, défila un cortége de jeunes gens richement vêtus et portant les titres des litanies de la sainte Vierge, sur des écussons artistement sculptés dont ils firent don à la chapelle de Notre-Dame de la Treille. Sur les neuf heures, sortirent de l'Hôtel-de-Ville, Messieurs du Magistrat, précédés de leur

## DE N.-D. DE LA TREILLE.

Héraut portant le *labarum* peint sur un damas blanc, avec l'image de Notre-Dame de la Treille. Elle regardait amoureusement la ville de Lille représentée plus bas avec cette inscription : *Dicet habitator Insulæ hujus : hæc est spes nostra L'habitant de cette Ile* [1], *dira : voilà notre espérance.* Au revers de ce magnifique drapeau était en lettres d'or le chronogramme suivant :

Beatæ VIrgInI CanCeLLatæ senatVs popVLVsqVe InsVLaM ConseCrabant, c'est à dire :

Le magistrat et le peuple consacraient Lille à Notre-Dame de la Treille, en mil six cent trente-quatre.

Sur le haut se voyaient deux anges; l'un tenait les armes de la ville, l'autre un livre ouvert avec cette inscription : *In libro tuo omnes scribentur*. Ps. 138. *Tous seront inscrits dans votre livre ;* livre allégorique qui était censé contenir les noms des associés. Messieurs du Magistrat s'y firent inscrire les premiers; après l'évangile de la

---

[1] Le nom de Lille, vient du latin : Insula, Ile ou l'Ile.

messe, chantée en musique, ils se présentèrent par ordre à l'offrande : avec les clefs de la ville, ils laissèrent le Labarum comme un monument de leur consécration et de celle des habitants de Lille à Notre-Dame. L'après-dîner, on prêcha devant une immense affluence de peuple, un Sermon sur ce texte : *Dicet habitator*, etc. où l'orateur prouva d'une manière aussi décisive qu'éloquente que Marie, après Dieu, était notre plus douce espérance pour la vie présente et pour la vie future. Cette heureuse journée finit par les litanies chantées au Jubé, où un grand nombre de flambeaux illuminaient ces paroles bien significatives : *Insula, civitas Virginis. Lille, cité de la Vierge.*

# À LA GLOIRE
## DE MARIE
Très-puissante Impératrice du Ciel et de la Terre.

**Ferdinand II**, Sacré Empereur, **Ferdinand III**, Roi Apostolique de Hongrie et de Bohême, avec leurs Epouses et leur Auguste Famille, la Reine, l'Archiduc, fils de César, et ses filles Sérénissimes envoyent présentement avec leurs Armes, leurs noms écrits de leur propre main, pour être insérés dans

**LA CONFRERIE DE NOTRE DAME DE LA TREILLE.**

*Vienne en Autriche au Palais Impérial le 6 des Nones de Mai, l'an 1635.*

# CHAPITRE XI.

*Hommages solennels rendus à Notre-Dame de la Treille.*

A dévotion à Notre-Dame de la Treille ne s'était pas seulement renfermée dans Lille : déjà elle s'était étendue au loin en divers diocèses, et elle était en honneur auprès de puissants souverains. L'Empereur Charles V, de la maison d'Autriche, étant venu à Lille avec Philippe II son fils, depuis Roi d'Espagne; et plus tard en 1600, l'Archiduc Albert avec son épouse Claire-Eugénie-Isabelle d'Autriche, qui prenaient possession des Pays-bas, avaient marché sur les traces de Philippe-le-Bon. Mais l'empereur Ferdinand II surpassa tous ces princes : ayant entendu parler de la Confrérie de Notre-Dame de la Treille et de l'éclat avec lequel la ville de

Lille s'était publiquement dédiée à cette même Vierge, l'année précédente, il se sentit pressé, en 1635, de se faire enregistrer avec son auguste famille dans cette illustre association. Ces nobles noms accompagnés de devises chrétiennes furent envoyés à Messieurs les Directeurs de la Confrérie, puis présentés à tout le Chapitre, et ils furent déposés dans les archives le jour de la fête de Saint-André. La veille, deux députés du chapitre invitèrent à la cérémonie, Messieurs du Magistrat, qui firent sonner la grosse cloche de la ville, les chefs de la Chambre des Comptes, de la Gouvernance et autres corps de la ville. Au-devant de la chapelle, sous un dais élevé, paraissaient les armes, les noms et les emblèmes de leurs Majestés sur trois vélins coloriés et dorés. Au deux côtés brillaient toutes les images d'argent, et reliquaires gardés dans la collégiale; l'intérieur était revêtu d'une riche tapisserie, et l'autel resplendissait d'or et de pierreries. La messe fut célébrée en musique avec un appareil et une affluence extraordinaires; de même les vêpres et les litanies. Le discours du Prédicateur avait

† 16 ML 35
La Palme
aux légitimes Combattants.
FERDINAND.

† 16 M 35
Piété
et
Justice.
FERDINAND.

† 16 35
La Crainte du Seigneur.
LÉOPOLD-
GUILLAUME.

† 16 F 35
A mon Unique.
ELÉONORE.

† 16 M 35
Charité, Foi, Espérance,
c'est ma force.
MARIE

16 † 35
La Volonté de Dieu
soit faite.
MARIE ANNE.

16 † 35
J'aime Dieu.
CÉCILE RENÉE.

pour texte : *Gaudete quòd nomina vestra scripta sint in Cœlis : réjouissez-vous de ce que vos noms sont écrits dans le Ciel*, et prouvait que les chrétiens vertueux qui témoignent une vraie et solide piété envers Notre-Dame, et qui pour l'honorer s'inscrivent dans sa Confrérie, avec le désir d'en suivre généreusement l'esprit et les pratiques, doivent avoir grande confiance d'être sauvés; la dévotion à Marie étant regardée à juste titre comme une marque de prédestination.

Dès-lors, pour imiter ces illustres personnages, la noblesse s'enrôla avec une nouvelle ardeur dans cette pieuse Confrérie, et l'on peut citer, à la suite des noms inscrits dans les plus anciens registres, les maisons de Montmorency, de Lalain, de Croix, de Gavre, de Lannoy, de Wilerval, de Rosimbos, de Lomme et des Obeaux, de Beaufremez, de Landas, etc.

Les plus hautes dignités de l'Eglise contribuèrent aussi à l'éclat de la Confrérie, et sans parler des souverains Pontifes qui l'approuvèrent et l'enrichirent d'indulgences, les Evêques de Tournai, entre lesquels on distingue, en 1460,

Jean Cheverot; après lui Maximilien de Gand à Vilain, qui donna à Notre-Dame de la Treille ses armes et sa devise, *Vigilate et orate*, *Veillez et priez*, avec cet éloge souscrit de sa main :

» Marie, Mère de Dieu et Vierge, célèbre
» auprès des Lillois, et miraculeuse, dans l'église
» de Saint-Pierre, sous le titre de la Treille :
» comme Philippe le Bon, duc de Bourgogne
» et comte de Flandre, s'est autrefois dédié avec
» sa noblesse et ses premiers Chevaliers de la
» Toison d'or dans cette église et à votre hon-
» neur ; ainsi moi, comme Pasteur et Evêque,
» désireux de veiller au bien et au salut de mon
» troupeau, je viens l'introduire avec moi dans
» l'enclos assuré de votre Treille ; vous priant
» de nous y conserver et disposer pour le Ciel.
» Le tout vôtre, par droit de possession et d'u-
» sage ; Maximilien Evêque de Tournai, l'an 1635
» au mois de Septembre. »

Le même Evêque en 1638 se transporta de Tournai à Lille, pour y chanter la messe pontificale où prêcha le P. Vincart. Sa piété envers Notre-Dame de la Treille fut imitée par son neveu et son successeur, Mgr. François Vilain de Gand, qui d'abord avait été Prévôt de Lille.

Il n'en fallait pas tant pour embrâser les Tournaisiens d'un saint zèle pour le culte de Notre-Dame de la Treille. Rien ne rend un témoignage plus éclatant de leur piété, déjà ancienne à cet égard, que leur pélerinage public et annuel qui commença en 1659, lors de l'alliance entre l'Espagne et la France. La paix qui fut alors conclue permit aux Bourgeois de Tournai de réaliser enfin le désir qu'ils avaient de manifester leur vénération envers Notre-Dame de la Treille, après en avoir été empêchés par des guerres sans cesse renaissantes. Ils venaient avec l'agrément de Mgr. François de Gand à Vilain, d'ériger en leur ville, dans l'église de Saint-Nicaise, une Confrérie de pélerins de Notre-Dame de la Treille. Le samedi 2 Août, au son des cloches, le peuple se rassembla à Saint-Nicaise, et l'on appliqua une treille dorée à une image de la sainte Vierge en relief, qui fut destinée à représenter, pour la consolation des pieux Tournaisiens, l'image miraculeuse honorée à Lille. Le lendemain Dimanche commença avec pompe une octave de prières préparatoires, durant laquelle on se faisait inscrire dans la Confrérie des pèlerins; avec un tel élan, que des mères, non contentes d'y avoir donné les noms de leurs enfants à la mamelle, les portaient ensuite à Lille même, pour leur assurer le titre de pèlerins de Notre-Dame de la Treille. Ce fut du sanctuaire où était le siége de cette Confrérie, qu'après la grand'messe sortit, le 10 Août 1659[1], la procession des pèlerins, au son des cloches et du carillon de Tournai. Une petite cavalcade de jeunes écoliers, avec des drapeaux représentant les sept douleurs de Notre-Dame, ouvrait la marche. Elle était suivie de six autres plus petits, vêtus en Génies, portant sur des bâtons d'argent, des palmes entrelacées à la façon des anciens Romains, dans l'appareil de leurs triomphes : tous étaient décorés de quelques emblèmes de la sainte Vierge. Venait ensuite le grand étendard de Notre-Dame de la Treille, donné par l'abbé de Cysoing. On y voyait la Vierge

[1] Plus tard, le pèlerinage fut remis au Dimanche après l'Assomption.

peinte sur un damas blanc, ayant deux anges à ses côtés, avec les armes de Lille, du comte de Flandre, et du Chapitre de Saint-Pierre. Le revers offrait avec les armes de Tournai le chronogramme suivant en lettres d'or : MarIæ CanCeLLatæ InsVLanæ TornaCenses peregrInI se ConseCrant. Les pélerins de Tournai se consacrent à Notre-Dame de la Treille de Lille.

Venaient ensuite, après le clergé de Saint-Nicaise, quelques jeunes filles portant le grand cierge qui devait être offert à Notre-Dame de la Treille; vingt-quatre plus petites en habit blanc de pélerin, un petit bourdon doré à la main, et un chapelet; d'autres plus grandes vêtues aussi de blanc, chargées de l'image de Notre-Dame de la Treille, que la procession, avant de sortir de la ville, déposa à l'église de Sainte-Marguerite; les Maîtres de la Confrérie ayant en main un bourdon enrichi de l'image de la Vierge qu'ils allaient vénérer, ciselée sur une petite pomme d'argent. Une foule nombreuse de personnes de toutes les classes complétait ce pieux pélerinage.

On quitta Tournai sur les dix heures du matin, toujours dans le plus bel ordre : quoique les pélerins fussent en chariots, en carrosses, ou à cheval, la plupart cependant à pied, il n'y eut aucune confusion. Cette foule d'environ trois mille personnes offrit constamment le spectacle le plus religieux et le plus édifiant. A différentes stations sur la route, on se retrempait dans la ferveur par des psaumes, des antiennes, des hymnes et par les litanies de la sainte Vierge ; et dans les intervalles furent chantées le plus souvent en fauxbourdon toutes les heures de l'office canonial.

Ces dévots pélerins approchant de la ville, le peuple de Lille vint à leur rencontre. Se présentaient d'abord deux pieux escadrons de cavalerie; le premier, composé de vingt-cinq jeunes gens, avait pour chef le Baron d'Andre, fils du comte de Bruay, gouverneur de la place : quelques mots de gracieux accueil précédèrent une triple décharge de pistolet. L'autre d'environ soixante étudiants, portait les bannières de toutes les Confréries de Lille. Tous les deux se joignirent à la procession, et marchaient à sa tête.

Du faubourg de Fives, où elle arrivait, elle se détourna vers la porte *des malades*. Chemin faisant, un corps de musiciens l'accueillit et l'accompagna jusqu'aux remparts. Au canon qu'y firent tirer Messieurs du Magistrat, les Bourgeois répondirent par une salve de mousqueterie; les tambours battaient au champ, et la procession que grossirent grand nombre de Lillois, fut reçue à son entrée par une députation du Chapitre en habit de chœur. Lui-même, quand la procession arriva sur le cimetière, parut en Corps avec la croix et la bannière de Notre-Dame de la Treille, et par son secrétaire harangua brièvement les pèlerins. Ils entrèrent enfin à Saint-Pierre, en chantant solennellement le *Salve Regina* avec les litanies. Le lendemain, vers sept heures, Monsieur l'abbé de Cysoing [1] chanta la

---

[1] Plus tard firent de même l'abbé de Phalempin, Ubalde Doucet; l'abbé de Saint-Martin à Tournai; Pierre Casier et Philippe Albert de Kessel, chanoines de la même ville.

Parmi les séculiers qui affectionnaient ce pèlerinage, on cite Messire Charles Despiennes, seigneur du Vivier, Prévôt de Tournai; Antoine de la Chapelle, seigneur

messe : l'autel et la chapelle de Notre-Dame étaient décorés avec la plus grande magnificence. A l'offertoire, furent présentés par les pélerins, le grand cierge et un tableau qui contenait, en vers français, leur consécration à Notre-Dame de la Treille [1]. Après toutes les démonstrations possi-

de Milléville, François Hardy, licencié ès-lois; Jean Scorion de Liancourt, Mayeur des Echevins de Tournai.

[1] A la très-auguste et miraculeuse Vierge Notre-Dame de la Treille, en l'église collégiale de Saint-Pierre à Lille, patronne de la ville.

### HOMMAGE

*Rendu par les habitants de Tournai, se dédiant pour la première fois à son honneur, par un pélerinage annuel érigé en Confrérie dans l'église paroissiale de Saint-Nicaise, à Tournai.*

Empérière du Ciel, auguste en votre treille,
Où préside l'amour, où la clémence veille,
Pour distraire ou tarir la source de nos pleurs :
C'est bien par votre emploi que la paix nous arrive,
Puisque c'est en votre Ile, où se cueille l'olive,
Et le lys argenté qui brille entre vos fleurs.

Quoi ! ne fallait-il pas que cette longue guerre
Dont nous avons ouï si souvent le tonnerre
Menacer nos remparts, nos murs ou nos cités,
Se vint rendre à vos pieds ; et que brisant ses armes,
Sans pouvoir résister plus longtemps à vos charmes,
Se laissât composer au gré de vos bontés ?

bles de charité et d'estime publique, entre le peuple de Lille et les pèlerins de Tournai, ceux-ci partirent vers midi, et rentrèrent à six heures du soir dans leur ville; leurs compa-

Dès qu'on vit votre Image éclater en miracles,
On apprit aussitôt, mieux que par des oracles,
Que la mort n'avait plus d'assurance au tombeau :
C'est par vos agréments que l'Espagne et la France
Brisent enfin le fer, et forment l'alliance
Qui va mettre le monde en un lustre nouveau.

Votre Treille peut tout : c'est là qu'on nous accorde
La fin des grands malheurs, qu'amène la discorde,
Et de ceux que l'enfer suscite contre nous :
Vierge, quand votre Fils vous voit en cet office,
Il arrête aussitôt le bras de sa justice,
Et veut que votre amour gouverne son courroux.

Ce cierge que Tournai vous présente en hommage
Fera voir désormais que Mars et que sa rage
Redoutent les éclats et l'odeur de vos Lis,
Et qu'étant aujourd'hui rangés en votre asile,
Nous reverrons bientôt, aussi bien que dans Lille,
Nos faubourgs réparés, nos châteaux rétablis.

Cependant permettez, Princesse non pareille,
De la terre et du ciel bienfaisante merveille,
Que nous soyons toujours vos fidèles voisins :
Et daignez à jamais, cette pompe annuelle
Augmentant en nos cœurs le feu de votre zèle,
Nous conserver l'honneur d'être vos Pélerins.

trioles venant en foule au-devant d'eux; ils reprirent à Sainte-Marguerite l'image qu'ils y avaient déposée, et la reportèrent à Saint-Nicaise au son du carillon et des cloches. Le *Te Deum* termina ce pieux pélerinage, qui se renouvela dans la suite chaque année.

Les Magistrats de Douai, au nom de toute la ville, de concert avec l'Université, ont envoyé à Lille un monument de leur dévotion envers Notre-Dame de la Treille, et les armes de leur cité, accompagnés de vers qui exprimaient leurs vœux. L'an 1639 ils furent imités par les habitants de la ville d'Aire en Artois. Peut-être serait-il agréable de voir citer entr'autres noms illustres ceux qui suivent : Messire Charles d'Oignies, gouverneur des villes, châteaux et baillages d'Aire; la comtesse d'Estrées, son épouse, avec leurs enfants; Madame Marguerite de Noyelles, épouse de messire Robert d'Estourmel, maréchal héréditaire de Flandre, avec ses nobles filles; messire François, chevalier seigneur de Recourt, châtelain héréditaire de la ville de Lens; messire Philippe de Récourt, seigneur de Wallon-

Capelle, capitaine au service de sa Majesté; messire Paul de Wignacourt; madame Marie de Zomberghe, baronne de Liettre; messire Gillet de Fiennes, seigneur de Regnouville; messire Gilles de la Cornhuse, seigneur de Bernigny, etc. etc.

Disons encore que le sérénissime Ferdinand Cardinal, Infant d'Espagne, est venu en personne rendre ses devoirs à Notre-Dame de la Treille et faire inscrire son nom dans la Confrérie. De même don Francisco de Mello, gouverneur des Pays-Bas; messire Philippe Spinola, comte de Bruay, gouverneur de la province de Lille; messire Michel de Robles, comte d'Annappes; messire Remi de Laury, Prévôt de Saint-Pierre à Lille, etc. etc.

L'an 1647 le Patriarche d'Antioche, étant venu à Lille, se rendit à la chapelle de Notre-Dame de la Treille et fit apposer sur le registre de la Confrérie son grand cachet, imprimant ces mots en grec : *Thomas, patriarche d'Antioche, né à Constantinople.* Depuis se fit inscrire le maréchal de Humières, gouverneur de Lille, *laissant les autres à venir dans la bénédiction de la*

*Sainte-Vierge*, ajoute l'auteur qui écrivait en 1671.

Au reste, le nombre des Confrères et des Consœurs était prodigieux, au point que quelqu'un, voyant cette immense série de noms dans les registres, s'écria avec St. Jean : *j'ai vu une grande multitude que personne ne pouvait compter, de toute nation, de toute tribu, de tout peuple et de toute langue.*

Terminons cet article en signalant un fait également honorable à la Vierge et à ses enfants. Le jour où Lille ouvrit ses portes à Louis XIV, ce fut dans la chapelle de Notre-Dame de la Treille que le roi prêta le serment qu'avaient toujours prêté les comtes de Flandre et les souverains auxquels cette ville a appartenu. Immédiatement après, Louis reçut dans cette même chapelle le serment de fidélité des Magistrats, au nom de la ville dont il prenait possession. C'est donc sous les auspices de Notre-Dame de la Treille, que Lille fut réuni à la France.

## CHAPITRE XII.

*Miracles de Notre-Dame de la Treille.*

Depuis les miracles de Notre-Dame de la Treille, qui déterminèrent en 1254 l'institution de la festivité nouvelle, et en 1269 la procession de Lille, l'histoire n'en rapporte plus avant 1519 : pour les grâces extraordinaires, il est des temps d'abondance, comme pour les biens temporels. Mais après cette terrible stérilité, la Vierge fit succéder une suite d'années fécondes en nouveaux miracles.

Les miracles sont des faits en dehors des lois ordinaires, et qui supposent l'action immédiate d'un être supérieur; ils sont le cachet de Dieu qui s'en sert pour distinguer ses œuvres de celles de l'homme. Par là il manifeste ses volontés, et revêt d'une autorité infaillible les vérités qu'il nous révèle : que le mensonge et l'artifice contrefassent jusqu'à un certain point cette puissance surnaturelle par des opérations en apparence semblables, il est des faits qui, dûment examinés surpassent tellement tout ce qui est du ressort de la créature, qu'à moins de vouloir résister à l'évidence, il est impossible de n'y pas reconnaître le doigt de Dieu. Or il est constant, par l'examen juridique d'une foule de faits authentiques reconnus miraculeux, que Dieu a pleinement autorisé le culte de Notre-Dame de la Treille. Les miracles sont nombreux, bien constatés [1]; quelques-uns du premier ordre, et tels que le saint-siége requiert pour procéder à la canonisation des saints. Accomplis devant une

[1] Monsieur Walerand Crudenaire, Chanoine de Saint-Pierre, est celui qui a recueilli avec le plus de diligence, et réservé les mémoires de tous ces effets miraculeux, qui depuis ont été examinés et approuvés en l'an 1617 par Monseigneur de Tournai, Maximilien de Gand à Vilain. (P. Vincart).

foule de témoins oculaires, ils ont été prêchés, publiés, consignés dans des livres, au temps même où ces témoins vivaient encore, et nul n'a réclamé. Un de ces faits isolés persuaderait un esprit raisonnable; un tableau de ces prodiges réunis et s'appuyant les uns les autres est une autorité irréfragable pour toute âme droite et non prévenue.

Les miracles de Notre-Dame, comme ceux de Jésus-Christ, tiennent autant de la bonté que de la puissance; du moins il paraît bien que chez nous Marie a eu en vue non pas tant de faire éclater son pouvoir, que de montrer sa tendresse maternelle. Une des plus cruelles et des plus humiliantes peines d'un âme chrétienne, c'est sans contredit de se voir misérablement sous le pouvoir de satan, et devenue le jouet de sa rage tyrannique : une des marques les plus signalées de l'amour de la sainte Vierge pour les hommes, est de les tirer de cette funeste servitude. Or, c'est souvent en cette matière, que Notre-Dame de la Treille a manifesté le pouvoir miraculeux qu'elle a de commander aux puissances infernales, comme elle obtient à son gré de maîtriser les lois de la nature.

Il serait trop long de donner en détail l'histoire de tous les possédés délivrés par Notre-Dame de la Treille [1]. Citons seulement quelques-uns de ces faits, choisis entre beaucoup d'autres; ils serviront à faire recourir à elle avec confiance, pour la guérison de toutes les maladies de l'âme.

La première qui reçut cette grâce signalée, fut Barbe Waymel, épouse de Jacques Leroy, au faubourg de la Magdeleine, dès le commencement de 1519, après avoir accompli le vœu d'une neuvaine à Notre-Dame de la Treille. Depuis le mois de janvier jusqu'en décembre de cette même année, on compte vingt-neuf délivrances semblables, opérées par la Vierge qui est appelée *terrible comme une armée rangée en*

---

[1] Nier l'existence ou la possibilité des possessions serait ne plus croire à l'Evangile, et contredire l'enseignement de l'Eglise universelle : aucun catholique n'en aura jamais la pensée.

*bataille.* Il était d'usage que les personnes ainsi délivrées rendissent hommage à leur libératrice, en portant un cierge près de la châsse de Notre-Dame de la Treille, le jour de la procession de Lille [1].

Après une information juridique, faite en pré-

[1] Voici les noms de plusieurs personnes délivrées : Isabeau Fresang, de Sainte-Catherine; Pierre Du Pire, de Douai ; Marquette Fontaine ; Elisabeth Behague, épouse de Jacques-Jean Dubois, délivrée de ses béquilles en même temps que de l'esprit malin. Le 28 Août 1519, Marc du Plomir, de Douai ; Josse Nombroit, de Roncq ; Jeanne, veuve de Nicaise d'Esterres, de Saint-Maurice; Colette Longuille, à Corbie; Isabeau de la Vallée, de Saint-Sauveur ; Isabeau Tibreman, de Wazemmes ; Piéronne de le Deule, d'Armentières; Jeanne Legrand, de Béthune; Catherine Brehade, de Saint-Maurice; Marie Valenne, de Douai; Pasquette Donnée, d'Ourton, près de Béthune ; Jeanne Bernard, de Saint-Maurice ; Françoise Gibilliart, de Beuvry ; Marguerite de Vasquel et Barbe Vandestrade, près Bruges; Pasquette Philippe, de Douai; François de Froment, de Saint-Maurice; Plasquette Flamen, du Quesnoy ; Jeanne d'Arras, de Saint-Maurice; Guyotte du Mont, Religieuse de Theaumolin près d'Orchies ; Berghe Ruffaut, de Saint-Maurice; Gillette Honorée, de Tourcoing; Marie de le Motte, de Sailly; Jacquemine de l'Escluse, de Roubaix; Sainte le Pape, de Saint-Omer; Marc de Meer, de Plom-

sence de Messieurs les Prévôt, Doyen et Trésorier de la collégiale de Lille, de l'archidiacre et d'un chanoine de Tournai, des curés de Saint-Sauveur, de Saint-Etienne et de Saint-Maurice, d'un docteur en médecine, du prêtre qui exorcisait, et des pères Vincart et Théodore Bourlers, du père et de la mère de la possédée, monseigneur de Tournai, Maximilien de Gand à Vilain, le 28 avril 1639, déclara « véritable et miraculeuse, à l'invocation et l'intercession de la très-heureuse Vierge Marie, qui est vénérée en l'insigne église collégiale de Saint-Pierre de Lille, sous le titre de Notre-Dame de la Treille, la délivrance de Marie de Lescurie, paroissienne de Saint-Etienne, » affligée de diverses et étranges maladies depuis sept ou huit ans, et possédée du malin esprit. Le père Vincart la rencontra

mier; Josse Nombrot et Colette Jonville, de Bellain; Willemine Louvet, du Frennoit, au diocèse d'Arras; Antoinette Le Febvre, de Douai; Jacqueline Du Bois, de Saint-Sauveur, estropiée par l'esprit malin, à sa délivrance, laissa ses béquilles à la chapelle de Notre-Dame de la Treille.

dans la chapelle miraculeuse de Notre-Dame d'Esquermes-lez-Lille. Il appliqua sur l'infortunée une image de Notre-Dame de la Treille qu'il portait toujours sur lui. Le démon ne put la souffrir et tourmenta la jeune fille, la jetant par terre avec violence et blasphémant le nom de la sainte Vierge, dont il redoutait le pouvoir toujours victorieux. La possédée cependant, dans ses moments tranquilles, espérant en Marie, commença une neuvaine, durant laquelle elle éprouva les plus cruels assauts de l'infernal ennemi. Un jour, pendant les exorcismes, il avoua qu'il n'était entré en possession de Marie de Lescurie « que pour la gloire et l'honneur de Notre-Dame de la Treille. » Il eut beau redoubler ses blasphèmes contre la Vierge puissante, écumer et hurler; Notre-Dame l'emporta, et le 14 juin 1634, la jeune infortunée fut délivrée.

Le même père Vincart rapporte encore qu'en 1635 et 1636, prêchant la station à Saint-Pierre, il mit sur une autre possédée, sans qu'elle s'en aperçût, un éclat de la statue miraculeuse de Notre-Dame, de la grosseur d'une tête d'épingle, et que le démon s'écria : *qu'on m'ôte cette pierre de moulin de dessus l'épaule, je ne puis la supporter*. Une autre encore, à laquelle il donna un des anneaux qu'on avait mis au doigt de la statue de Notre-Dame de la Treille, fut tellement tourmentée par le démon, qu'il fallut la ramener chez le Doyen, et à coups de marteau arrondir de nouveau l'anneau qui était entré jusque dans la chair. Et ces faits (rappelons ici ce qui a été dit plus haut) avaient été vus ou connus, et auraient pu être démentis du vivant même de l'auteur, si ceux qui lurent son ouvrage, les avaient crus faux et mensongers. Aussi conclurons-nous, qu'entre les lieux redoutables au démon, on peut placer la chapelle de Notre-Dame de la Treille; et faudra-t-il s'étonner, si Marie, à qui son divin Fils a communiqué son pouvoir, s'est fait obéir par les maladies corporelles.

En 1519, Michelle Prévost, âgée de plus de 60 ans et depuis vingt ans malade ; le fils de Catherine Mortaigne, épouse de Pierre Madrit, charpentier, furent subitement guéris d'une hernie très-dangereuse. Une autre mère obtint aussi cette faveur pour son petit enfant, qu'elle trouva radicalement guéri, après avoir fait vœu de suivre, nu-pieds, la sainte châsse, le jour de la Procession [1].

Cette année 1519, ou la suivante, Gérard Duchasteau, chanoine de Lille, avait perdu, par l'apoplexie, l'usage de la langue et de la voix : il employa les remèdes de la médecine, mais en vain. Il fait allumer un cierge et dire une messe en l'honneur de Notre-Dame de la Treille ; il est guéri.

Un miracle plus grand signala encore 1519. Jeanne du Forest avait eu un enfant mort-né ; pleine de foi au milieu de ses douleurs et de son affliction : Portez, dit-elle, portez à Saint-Pierre cette pauvre et infortunée créature, dans la chapelle de Notre-Dame de la Treille. On l'y pose sur l'autel pendant le saint sacrifice, et aux yeux de toute la multitude, l'enfant fut aperçu donnant des signes de vie : on l'entendit pousser de petits cris. On le baptisa, et deux heures

[1] Ce que Monsieur Walerand Crudenaire et Monsieur Toussaint Mouquet, tous deux Chanoines de Saint-Pierre, ont enregistré et signé de leur main.

après, il alla dans le Ciel remercier sa bienfaitrice.

Le mois d'août de cette année ayant été excessivement chaud, une maladie contagieuse se déclara d'autant plus facilement, que la ville est située dans un terrain humide. Le mal sévit surtout sur la paroisse Saint-Sauveur. Catherine Monnier, son époux Jean Lestoquier et Robert Bloucq, furent tous trois instantanément guéris, après avoir prié Notre-Dame en sa chapelle. Hugues Caulier y fit célébrer la sainte messe: son épouse et son fils sont délivrés du fléau. Au milieu de la consternation générale, Monsieur Hugues Delecambre, chanoine de Lille, en est atteint à son tour; ses amis l'abandonnent: plein de confiance en Notre-Dame de la Treille, il tente de se lever; ses jambes couvertes d'ulcères enflammés refusent de le soutenir; il se traîne néanmoins à grand'peine, à l'aide de sa béquille, jusques à la chapelle de la Vierge miraculeuse; plusieurs fuyaient, plusieurs blâmaient son imprudence, quelques-uns le louaient et non sans raison. Il resta à l'autel de Marie tant qu'elle lui eut accordé sa guérison, en témoignage de laquelle il laissa ses béquilles.

Agnès Pollet, que depuis 1519 une violente douleur dans les hanches, puis de là dans les jambes, empêchait de marcher autrement qu'avec des béquilles, alla, malgré les difficultés, de Saint-Sauveur à Saint-Pierre. Plus elle avançait, plus le mal diminuait : enfin à la chapelle de Notre-Dame, il cesse tout à fait, et Agnès retourna chez elle sans aucune trace d'infirmité. On était en 1526.

De près comme de loin, Notre-Dame de la Treille exauçait ceux qui l'invoquaient avec confiance. Jean Nollet, chanoine de Lille, à son retour de Rome, l'expérimenta, lorsqu'il sortit sain et sauf du fond des précipices où il avait été entraîné par suite d'une chute de cheval au milieu des Alpes.

En 1527, Barbe Carpentier, épouse d'Antoine Pollet, était complètement aveugle. Sur sa demande, son mari la conduit à la chapelle miraculeuse, et au moment de l'élévation de la sainte hostie, quand sa confiance en Marie redoublait, ses yeux s'ouvrirent à la lumière.

Pour terminer, citons encore un prodige que Mgr. Maximilien de Gand à Vilain, évêque de Tournai, permit de publier dans son diocèse le 6 septembre 1638. « Nous déclarons, dit-il, par ces présentes, que la guérison de Jean Thauler est véritablement miraculeuse, à l'invocation et à l'intercession de la très-heureuse Vierge Marie, qui est vénérée en l'insigne église collégiale de Saint-Pierre de Lille, de notre diocèse de Tournai, sous le titre de Notre-Dame de la Treille. » Jean Thauler avait vingt-quatre ans et était atteint d'épilepsie et de paralysie ; il avait été soigné à l'Hôpital Comtesse, d'où transporté à Saint-Pierre, il avait sollicité sa guérison de notre bonne Dame. Mgr. de Tournai entendit sa propre déposition, en présence du Doyen de Saint-Pierre, de son Chapelain et de deux autres témoins. L'information juridique fut faite par le Doyen et le Trésorier de Saint-Pierre ; le tout a été reconnu, attesté et signé comme véritable, par le Maître et le Chapelain de l'hôpital Comtesse, de deux religieuses, d'un chirurgien et d'un docteur en médecine, en présence de deux notaires apostoliques, Pierre Turbelin et Pierre Tesson.

« QUE reste-t-il donc, peuple chéri de la
» Vierge, conclut le Père Vincart, sinon de
» poursuivre la piété que vos ancêtres ont
» commencée, et de donner de la matière aux
» écrivains qui viendront après nous, de grossir
» et d'embellir cette histoire. Il m'est avis que la
» sainte Vierge, votre patronne, se complaisant
» dans l'affection que vous lui portez et que
» vous lui faites connaître par les œuvres,
» vous adresse ces paroles de saint Paul aux
» Philippiens, IV : Vous qui êtes ma joie et
» ma couronne, continuez, mes bien-aimés,
» demeurez fermes dans le Seigneur. Et puisque
» mon diadème n'est autre chose que lumière,
» soyez des enfants de lumière, dans la pratique
» des vertus, afin de luire un jour éternellement
» avec mon Fils et avec moi, et avec tous les
» Saints et Bienheureux dans le Ciel.

HISTOIRE

# ORAISON

*A Notre-Dame de la Treille pour les jours de Communion.*

Vierge incomparable, Mère du verbe incarné que nous adorons voilé des espèces sacramentelles, à qui pouvons-nous mieux nous adresser qu'à vous, pour être présentés à Jésus-Christ, le béni fruit de vos chastes entrailles. Vous avez été le canal par où toutes les grâces ont coulé sur le genre humain dans le mystère de l'Incarnation, vous l'êtes aussi dans celui de l'Eucharistie où il est renfermé, exprimé, continué ; c'est ce même Jésus que nous recevons dans ce sacrement ; nous nous joignons à vous pour l'adorer et le glorifier avec vous. Obtenez-nous, ô Vierge pleine de grâce et exempte de tache, quelque part à cette pureté suréminente qui vous a fait mériter d'être la mère d'un Dieu. *Le Seigneur a regardé l'humilité de sa servante* [1], obtenez-nous de votre Fils, cette belle vertu qui est le fondement de toutes les autres ; faites que par votre moyen nous nous approchions de Jésus-Christ avec la foi, l'amour, le respect et les autres dispositions dont vous nous avez donné un excellent modèle dans votre conduite. Quelle foi ! ô Mère admirable, quelle sublime contemplation où vous fûtes abîmée, dans le moment que l'Ange vous annonça le choix que Dieu avait fait de vous, pour y opérer le grand mystère du salut des hommes ! Quelles furent vos hommages et vos premières adorations, pendant les neuf mois que le Sauveur du monde demeura captif dans votre sein, après y avoir été formé par le Saint-Esprit ! C'est ce même Esprit qui le produit de nouveau sur l'autel. Puissions-nous, ô Vierge sainte, en nous approchant de lui, représenter en quelque manière l'innocence de vos mœurs, la grandeur de votre foi, et la ferveur de votre zèle ! Puissions-nous imiter votre ten-

[1] Saint Luc. 1.

dresse envers ce Fils bien-aimé dans sa naissance, dans sa circoncision, dans sa présentation au temple, et dans toutes les rencontres de sa vie cachée et de sa vie publique! Nous vous rendons nos hommages comme à la Reine des Anges et des hommes; nous vous congratulons dans le haut degré de gloire, où le Tout-Puissant vous a élevée. Nous honorons en vous les grâces singulières dont le Très-Haut vous a comblée, pour vous rendre la plus sainte et la plus heureuse de toutes les créatures. Nous admirons sans cesse les grandes choses qu'il a opérées en vous, en tirant de votre sein la victime de propitiation qui s'est immolée pour notre salut sur la croix, et qui renouvelle tous les jours son sacrifice sur l'autel. Obtenez-nous de la bonté de ce cher Fils, qu'il nous prenne sous sa protection en ce jour, auquel nous avons le bonheur de le recevoir dans notre cœur. Nos péchés nous rendent indignes d'une telle faveur; priez pour nous, ô Mère de miséricorde; vous êtes le refuge des pécheurs, vous êtes notre médiatrice, notre avocate; nous sentons le besoin que nous avons de votre puissante protection, pour trouver accès auprès de votre Fils Jésus-Christ. Il nous a été donné par vous; que ce soit aussi par vous qu'il nous reçoive, et que votre éminente sainteté couvre la multitude de nos péchés! Nous gémissons, ô très-pieuse Vierge, dans cette vallée de larmes, environnés d'ennemis qui tâchent de nous perdre; le démon par ses artifices, le monde par ses faux biens, font tous leurs efforts pour nous faire retomber dans ces péchés que nous avons tâché d'expier. Outre cela, notre faiblesse est grande, et le fond de notre corruption est impénétrable. L'orgueil nous élève, l'avarice nous consume, la luxure nous souille, l'envie nous dessèche, la gourmandise nous dévore, la colère nous transporte, la paresse nous abat. Quel abîme de misère et de corruption! Vous en avez été exempte, ô Vierge très-pure, par un privilége singulier; si nous ne pouvons pas en être participants, faites qu'au moins nous soyons préservés des œuvres du péché, en résistant à ces malheureuses passions qui sont le partage des enfants d'Adam. Souvenez-vous des faveurs dont vous avez comblé vos dévots serviteurs depuis *huit cents* ans [1]. Jetez sur nous un regard favorable du haut de cette treille, où vous avez établi votre trône, pour recevoir les hommages et les respects des habitants de cette ville, qui vous regardent comme leur patronne et leur espérance. Faites descendre sur nous une portion de ces grâces que vous demandez à votre Fils pour les pécheurs, et que vous distribuez tous les jours à vos fidèles serviteurs, prosternés devant votre image miraculeuse ; afin que nous recevions dignement Jésus-Christ sous les accidents eucharistiques, que nous l'adorions de toute l'étendue de nos cœurs, et de toute l'ardeur de nos affections, et que, par votre puissante intercession, nous ayons le bonheur de le voir dans le Ciel, où il vit et règne avec Dieu le Père en l'unité du Saint-Esprit, dans tous les siècles des siècles. Ainsi soit-il.

[1] *Prière pour honorer Jésus-Christ dans le Sacrement.* in-18. A Lille, chez Brovellio, à la Sorbonne, 1724. Avec cette approbation : *vid. hâc 24 martii 1724. M. Anselle, pastor sancti Salvatoris, Decanus Christianitatis Insulensis.*

# NEUVAINE DE MÉDITATIONS

en l'honneur

# DE NOTRE-DAME DE LA TREILLE.

## REMARQUES

SUR LE PLAN DE LA NEUVAINE.

QUOIQUE cette neuvaine ait principalement pour but d'honorer Notre-Dame de la Treille, en qualité de Patronne de Lille, on a cru faire une chose agréable et utile aux fidèles, en choisissant, pour sujets des méditations, neuf des principaux titres sous lesquels, entre plusieurs autres, la Vierge se trouve invoquée dans les divers quartiers de notre ville. Voici les raisons qui nous ont déterminé à adopter ce plan.

1.° Les dénominations diverses, données aux images de la sainte Vierge qui décorent la façade d'un grand nombre d'habitations, se résument dans le culte de l'antique patronne de Lille. Ce sont comme autant de ruisseaux dérivant d'une source primitive et qui s'y rapportent naturellement; autant de filles nées d'une mère commune, qui a présidé à la formation de la ville, et qui, de temps immémorial, est en possession de la protéger.

2.° On ne perd point de vue, par cette suite d'hommages, l'objet spécial de la neuvaine qui est d'honorer l'image *miraculeuse* de Notre-Dame de la Treille, dans le désir d'en obtenir quelque grâce particulière : c'est pourquoi, à la fin de chaque méditation, on lui consacre une prière, qui a pour but d'intéresser son cœur maternel en notre faveur.

Cette méthode nous a encore paru, pour les personnes qui possèdent de ces Vierges, un mobile actif pour accroître leur zèle et pour exciter leur pieuse émulation à orner et révérer

A N.-D. DE LA TREILLE.

les *cabinets*[1] qui décorent leurs habitations.

4.º Vu qu'il n'a pas été possible d'offrir un hommage particulier à chacune des Vierges qui honorent les places et rues de la ville, nous avons tâché d'y suppléer en présentant une liste générale des titres sous lesquels Notre-Dame est invoquée à Lille. Nous donnons ici cette liste par ordre alphabétique, en conservant littéralement les inscriptions :

Notre-Dame des Agonisants, priez pour nous.
Notre-Dame des Anges, p. p. n.
Notre-Dame d'Assistance, p. p. n.
Notre-Dame Auxiliatrice, p. p. n.
Notre-Dame de Bonne-Espérance, p. p. n.
Notre-Dame de Bonne-Fin, p. p. n.
Notre-Dame de Bon-Secours, p. p. n.
Notre-Dame de Consolation, p. p. n.
Notre-Dame de Délivrance, p. p. n.
Notre-Dame de Foi, p. p. n.
Notre-Dame de Grâce, p. p. n.

[1] Noms qu'on donne vulgairement à ces sortes de petites chapelles.

NEUVAINE

Notre-Dame de Hal, priez pour nous.

Notre-Dame de Lorette, p. p. n.

Notre-Dame de Miséricorde, p. p. n.

Notre-Dame du Mont-Carmel, p. p. n.

Notre-Dame de Paix, p. p. n.

Notre-Dame de Pitié, p. p. n.

Notre-Dame du Rosaire, p. p. n.

Notre-Dame des Sept-Douleurs, p. p. n.

Notre-Dame de Tongres, p. p. n.

Notre-Dame de Toutes-Grâces, p. p. n.

Notre-Dame de la Treille, p. p. n. [1]

---

[1] Il existe plusieurs Vierges sous ce titre, par imitation de l'*Image miraculeuse*.

Si dans cette liste il ne se trouve que 22 invocations, c'est que plusieurs de ces Vierges sont honorées sous le même titre.

Quoique pendant la révolution de 1793, on en ait détruit un grand nombre, l'on en compte encore *quatre-vingt-huit*, et l'on conserve le souvenir de Notre-Dame de la Gloire (paroisse de Saint-Maurice), de Notre-Dame du Miracle et de Notre-Dame de Liesse.

## OBSERVATIONS

CONCERNANT L'USAGE DE CETTE NEUVAINE.

Notre intention, en donnant cette neuvaine, a été de fournir un nouvel aliment à la piété des serviteurs de Marie, pour augmenter envers elle leur amour, accroître leur confiance, afin de leur faire obtenir plus facilement les grâces spéciales qu'ils ont droit d'attendre de leur auguste Patronne.

Dans ce but nous avons choisi une manière de méditer simple et facile, ayant soin de présenter les matières avec ordre et de parler plus au cœur qu'à l'esprit.

Si l'on ne se croyait pas en état de méditer selon cette méthode, on pourrait encore utilement convertir ces méditations en lectures de piété, qu'on aurait soin d'entremêler de courtes prières et de pieuses aspirations, propres à reposer et à nourrir son âme.

Les personnes, à qui de nombreuses occupations ne permettent point de suivre toutes les parties de chaque méditation, peuvent se contenter d'en prendre ce qui leur convient davantage pour satisfaire leur dévotion.

Enfin, pour rendre encore plus aisé et plus fructueux l'usage de cette neuvaine, voici quelques développements pratiques sur les préambules et autres accessoires de ces méditations, je veux dire sur les préludes, les colloques et le bouquet spirituel.

1.° *Préludes.* Le premier consiste à se figurer quelque chose de sensible, comme serait une étable, une maison, une montagne, etc., où s'accomplit le mystère sur lequel on veut méditer. Cela sert beaucoup à fixer l'imagination pendant la méditation, et empêche qu'elle ne s'emporte aussi facilement loin de son sujet.

Le second prélude a pour but d'obtenir par une fervente prière la double grâce nécessaire pour faire une bonne oraison, la lumière pour l'esprit et la docilité du cœur. Ce point est essentiel. Souvent nous ne faisons rien dans notre méditation, parce que nous comptons trop sur nous-mêmes, négligeant de solliciter la grâce de

Dieu, comme une chose de première nécessité.

2.° *Le Colloque*. C'est une des parties les plus importantes de la méditation. Il consiste à s'adresser à Dieu, à Notre-Seigneur, à la sainte Vierge, etc., pour *s'entretenir* avec eux sur quelque chose qui a rapport à la méditation présente, comme un serviteur agit avec son maître, ou un fils avec son père, comme un ami fait à l'égard de son ami, ou encore un coupable en présence de son juge pour lui exposer ses besoins, lui témoigner son respect, son amour, sa crainte, etc.

Afin de rendre ce colloque plus vif et plus intéressant, on peut supposer qu'on entend répondre l'interlocuteur. C'est en même temps un excellent moyen d'éviter les distractions.

*N. B.* Quoique le colloque doive se faire ordinairement vers la fin de la méditation, on peut utilement en établir quelquefois dans le corps de l'oraison, lorsque le mouvement de l'Esprit-Saint nous y porte.

3.° *Le Bouquet spirituel*. De même qu'en se promenant dans un jardin, orné de fleurs, on se plaît à en cueillir quelqu'une, que l'on emporte pour en savourer l'odeur ; ainsi fait-on bien de conserver dans sa mémoire quelque pensée qui nous a le plus frappé dans la méditation, pour se la rappeler de temps en temps ; par exemple, chaque fois que l'heure sonne, afin de réjouir son âme, de la fortifier dans ses bons désirs, et de la faire penser à exécuter les résolutions prises dans la méditation.

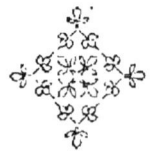

A N.-D. DE LA TREILLE.

# PREMIER JOUR.

*Hommage à Nôtre-Dame des Sept-Douleurs.*

— ❦ —

### MÉDITATION

SUR LA DÉVOTION A N.-D. DES SEPT-DOULEURS.

*Honorez.... votre mère.* Exod. ch. 20. ⰟⰊ. 12.

ORAISON PRÉPARATOIRE.

Faites, ô mon Dieu! que pendant cette méditation, toutes les pensées de mon esprit, toutes les affections de mon cœur, toutes les opérations de mon âme tendent purement et pleinement au service et à la gloire de votre divine Majesté.

*Veni, Sancte Spiritus*, etc.

*Ave Maria*, etc.

1.ᵉʳ PRÉLUDE.

Se représenter Marie, tenant sur ses genoux

le corps de son Fils descendu de la croix, couvert de meurtrissures, pâle, défiguré, les yeux éteints. Se représenter aussi le cœur de cette tendre mère transpercé de sept glaives.

## 2.ᵉ PRÉLUDE.

Reine des Martyrs, venez à mon secours, afin que je compatisse à vos excessives douleurs, et que je vous garde toute ma vie un cœur reconnaissant pour l'amour que vous m'avez témoigné en souffrant avec Jésus.

## 1.ᵉʳ POINT.

Il faut que je sois reconnaissant envers Marie, quand je songe aux douleurs qu'elle a endurées pour l'amour de moi.

Qui n'aime les âmes reconnaissantes ? Qui ne se plaît à répandre des bienfaits sur ceux qui en conservent volontiers le souvenir ? Mais au contraire combien l'ingratitude afflige le cœur d'un bienfaiteur et le resserre ! Or, parmi les pures créatures en est-il une qui nous ait fait plus de bien que Marie ? C'est surtout par là qu'elle est notre Mère, et parmi ses bienfaits ne faut-il pas avant tout compter les douleurs qu'elle a bien voulu endurer pour nous? Elle n'avait elle-même aucune faute à expier, et si elle a passé par de si cruelles souffrances, c'était pour nous obtenir des grâces plus abondantes, et alléger un jour nos peines par l'exemple des siennes. Ne laissons donc s'échapper aucun jour sans lui témoigner une tendre gratitude, et conservons précieusement dans notre souvenir les douleurs sans nombre, qu'elle a si généreusement souffertes pour nous obtenir la vie de la grâce.

## 2.ᵉ POINT.

Il faut que j'imite Marie dans la patience qu'elle a montrée au milieu de ses douleurs.

On peut dire de Marie ce qui est dit en figure du Sauveur : *Regardez et faites selon le modèle qui vous a été donné sur la montagne* [1]. C'est en effet sur le Calvaire que paraît dans tout son éclat l'héroïque constance de la Mère de Jésus,

[1] Exod. 25. 40.

comme le laisse si bien entendre ce mot de l'évangéliste : *Stabat*, Marie était debout... Semblable à un rocher au milieu des flots en furie qui passent et repassent sur son sommet sans pouvoir l'ébranler, cette mère incomparable, dont le cœur est devenu un océan d'inconcevables douleurs, se retranche dans la plus parfaite résignation. Pas un seul mot de plainte ou de murmure ne s'échappe de ses lèvres ; sa bouche ne fait que répéter ici ce qu'elle dit en présence de l'Archange qui lui portait la nouvelle de sa maternité divine : Seigneur, je suis votre servante ; qu'il me soit fait selon votre parole ! que votre volonté s'accomplisse et non la mienne !

Le beau modèle que nous avons sous les yeux ! et que d'occasions s'offrent à nous de l'imiter dans le cours d'une journée ! Quel usage en faisons-nous ? Songeons-nous alors à la constance et à la générosité de cette mère des douleurs, pour régler notre conduite sur la sienne ? A nous donc à voir si nous voulons véritablement marcher sur ses traces, dans l'exercice de la patience et de la douceur chrétienne.

A N.-D. DE LA TREILLE.

## COLLOQUE.

Rendre à Marie ses hommages de respect, d'amour, et surtout d'une tendre et vive reconnaissance. — La supplier avec ardeur d'obtenir de son Fils la grâce de souffrir sans murmure telle ou telle peine que nous endurons depuis longtemps ou que nous prévoyons devoir nous arriver bientôt.

## RÉSOLUTION.

Prendre la résolution de réciter trois fois par jour l'*Angelus* avec une dévotion spéciale, en félicitant Marie de sa dignité de Mère de Dieu, et la remerciant de la part qu'elle a prise pour nous aux souffrances qui ont accompagné le mystère de l'Incarnation. — Prévoir ce qui pourra nous arriver de pénible aujourd'hui et déterminer d'avance notre acte de résignation.

## OFFRANDE DES RÉSOLUTIONS.

Je vous offre, ô mon Dieu! ces résolutions; je ne puis y être fidèle, si vous ne daignez les bénir; mais j'espère de votre bonté cette bénédiction que je vous demande au nom de Jésus mon Sauveur, et en vue de ses mérites.

Vierge sainte, Mère de mon Dieu, saint Joseph, protecteur des âmes qui veulent devenir intérieures, mon bon Ange, mon saint patron, obtenez-moi la grâce de garder ces résolutions avec une fidélité parfaite.

BOUQUET SPIRITUEL.

Marie a tellement aimé les hommes qu'elle a livré son Fils à la mort pour eux.

*N'oubliez pas les gémissements de votre mère.* Eccli. 7. 29.

PRIÈRE A NOTRE-DAME DE LA TREILLE.

O Marie, sitôt qu'on a prononcé votre nom, on sent l'amour et la confiance naître dans son cœur. Vous êtes en effet en possession, depuis tant de siècles, d'opérer des prodiges sans nombre pour rendre vos enfants heureux, et ici en particulier tout parle de votre bonté et de votre puissance. Que de malades guéris, que de fléaux écartés, surtout que d'âmes arrachées au pouvoir tyrannique du démon rendent parmi nous témoignage à cette consolante vérité, que jamais personne ne vous a invoquée, sans être exaucé. Serais-je seul exclu de vos faveurs, ô Reine des miséricordes et mère de la grâce ! Moi aussi, je suis votre enfant, et, après Dieu, je mets en vous toute mon espérance. Par l'amour que vous portez à Jésus et aux hommes en vue de lui, par la tendresse toute maternelle que vous avez manifestée dès le commencement pour Lille, ce lieu toujours si cher à votre cœur, obtenez-moi de votre Fils la grâce de...... Vierge auguste, ô ma mère, je m'efforcerai de faire valoir cette grâce pour mon salut. Je vous la demande par les mérites de J. C. N. S. Ainsi soit-il.

### EXAMEN DE LA MÉDITATION.

1.º Ai-je préparé avec soin la veille le sujet de ma méditation ? — 2.º Me le suis-je rappelé avant de m'endormir ? — 3.º M'en suis-je occupé en me réveillant la nuit, en m'habillant le matin ? 4.º Avant la méditaion, ai-je élevé pendant quelques instants mon esprit vers Dieu, me pénétrant du sentiment de sa présence ? — 5.º Pendant la méditation, ai-je gardé une attitude convenable ? — Ai-je tenu mon esprit et mon cœur appliqués ? — 7.º N'en ai-je pas abrégé le temps ? 8.º — Ai-je pris des résolutions pratiques ?

A N.-D. DE LA TREILLE.

## SECOND JOUR.

*Hommage à Notre-Dame de Bonne-Espérance.*

—◆—

MÉDITATION.

MARIE, NOTRE ESPÉRANCE.

*Vous êtes mon espérance dès le sein de ma mère.* Ps. 21. 10.

Oraison préparatoire, *p.* 105.

1.ᵉʳ PRÉLUDE.

Se représenter la Vierge Mère, environnée d'anges, ministres de ses bontés et de ses grâces, tenant dans ses bras l'enfant Jésus, qui d'une main montre sa mère et de l'autre nous invite à approcher d'elle avec confiance.

NEUVAINE

## 2.<sup>e</sup> PRÉLUDE.

Je suis le plus aveugle et le plus misérable des hommes, vous le savez, mère de mon Sauveur, et vous connaissez tous mes besoins. Intercédez pour moi, afin que je puisse voir mieux que je n'ai fait jusqu'à présent combien vous êtes puissante et avec quelle bonté vous exaucez nos prières.

## 1.<sup>er</sup> POINT.

Quel bien c'est que l'espérance.

Sans l'espérance que notre vie serait triste! Nous aurions à souffrir à la fois et nos maux réels et ceux que notre imagination se plaît si souvent à nous créer; n'ayant rien en nous pour adoucir les uns, et rien pour écarter la pensée des autres, notre cœur flotterait dans un trouble continuel, sans pouvoir se reposer nulle part.

Mais sitôt que l'aimable espérance commence à luire, tout change et se ranime autour de nous. Si nous sommes heureux, nous pouvons goûter davantage notre bonheur, sachant qu'il n'est qu'un avant-goût de la félicité parfaite, qui nous est réservée dans le Ciel. Si nous sommes dans la peine, nos souffrances mêmes sont un gage de notre béatitude future, puisqu'elles sont le sceau dont Dieu marque ses élus; et que notre espérance en lui au sein des tribulations est elle-même un signe de salut.

### 2.<sup>e</sup> POINT.

Marie est notre espérance.

Nous ne pouvons suivre de meilleur guide que l'Eglise dans le choix et la mesure de nos dévotions. Elle ne saurait nous égarer; tout ce qu'elle nous propose, est conforme à l'esprit de Dieu. Or, la sainte Eglise nous présente sans cesse la Vierge comme notre espérance. Elle la salue comme l'*Etoile de la mer*, c'est-à-dire la douce espérance de ceux qui étaient menacés de s'égarer sur l'océan de ce monde. Elle convie tous ses enfants à tourner leurs yeux vers cette nouvelle Eve, comme vers leurs *avocate ; le salut des infirmes, le secours des chrétiens, la porte du Ciel*, leur espérance enfin, *spes nostra, salve.*

Marie en effet nous a été donnée pour réparer nos malheurs. Dieu l'a investie d'une puissance souveraine pour protéger son peuple. Si elle jouit d'un crédit immense à la cour céleste, où elle règne avec une gloire inexprimable, c'est surtout pour nous arracher aux dangers, répandre sur nous des bienfaits intarissables, et combler toutes nos espérances.

### COLLOQUE.

Lui rappeler que, pendant quatre mille ans, elle fut l'attente et l'espérance du genre humain, comme mère future du Sauveur des hommes, selon cette parole de Dieu au serpent : c'est elle qui vous brisera la tête. — Que de tous ceux qui ont mis en elle leur confiance, nul n'a été confondu.

### RÉSOLUTIONS.

Aux premières atteintes de la tentation, se réfugier dans le sein de Marie par une invocation pleine d'une ferme espérance. — Ne jamais se décourager de son peu de succès, malgré les efforts qu'on aurait déjà faits pour remporter

A N.-D. DE LA TREILLE.

*telle* victoire sur soi-même, mais redoubler de confiance et persévérer dans la prière.

Offrande des résolutions. *p.* 107.

BOUQUET SPIRITUEL.

Salut, notre Reine, mère de la miséricorde ; salut, notre vie et notre paix, notre joie et *notre espérance.*

Prière à Notre-Dame de la Treille. *p.* 108.

Examen de la méditation, *p.* 109.

## TROISIÈME JOUR.

*Hommage à Notre-Dame de Miséricorde.*

### MÉDITATION.

#### LA MISÉRICORDE DE MARIE.

*Ses miséricordes sont innombrables en faveur de tous ceux qui l'invoquent.* Ps. 85. 5.

Oraison préparatoire, *p.* 103.

#### 1.ᵉʳ PRÉLUDE.

Contempler Marie, nous découvrant son cœur, environné de flammes et percé d'un glaive pour nos péchés, elle-même nous le montrant avec une tendresse singulière comme symbole de la miséricorde.

#### 2.ᵉ PRÉLUDE.

Ce sera déjà, ô notre Mère, un effet de votre

amour miséricordieux pour moi de comprendre combien vous êtes riche en miséricordes, et de recourir désormais à vous dans toutes mes infirmités. Je vous le demande au nom de votre Fils incarné pour mon salut.

1.er POINT.

Pourquoi Marie est appelée *Mère de la Miséricorde.*

La miséricorde est l'apanage de Marie, parce qu'elle a mis au monde le Dieu des miséricordes, et que son chaste sein fut pendant neuf mois la demeure bénie de la charité même, semblable à un vase longtemps rempli d'un excellent parfum, qui ensuite en conserve toujours la suave odeur; parce que ses propres affections sont en tout conformes à celles de son Fils qui a paru lui-même sur la terre plein de mansuétude et d'une ineffable douceur, n'étant pas venu, comme il le disait, appeler les justes, lesquels n'ont pas besoin de médecin, mais les pécheurs et les malades; parce que son cœur maternel est un océan d'amour et de bonté; parce que depuis tant de siècles les plus grands pécheurs sont en possession de l'invoquer, sans jamais essuyer de refus. Commencerait-elle aujourd'hui, à porter atteinte à sa gloire, en oubliant qu'elle est la Reine de la miséricorde?

### 2.<sup>e</sup> POINT.

Les serviteurs de Marie doivent approcher autant qu'ils peuvent de l'esprit de miséricorde de leur divine Mère.

Jésus-Christ a dit à ses disciples en parlant de son Père : *Soyez miséricordieux, comme votre Père céleste est miséricordieux.* Or, si nous devons regarder comme une règle de notre conduite les perfections divines, ce ne sera pas une témérité pour nous de prendre pour modèle les vertus de Marie. La Mère de Jésus est, il est vrai, la plus éminente de toutes les pures créatures ; mais elle reste pourtant créature, et comme nous elle appartient tout entière à la famille d'Adam. Nous pouvons donc essayer de reproduire dans notre conduite quelque chose de la miséricorde de Marie. Les occasions ne manquent pas. Souvent, que de circonstances en un jour de signaler sa générosité envers le prochain ou d'user de clémence à son égard?

## COLLOQUE.

Rappeler à Marie que l'univers est rempli de ses miséricordes, lui exprimer le désir d'y participer. — La prier de vouloir nous aider à devenir les imitateurs de son inépuisable bonté.

## RÉSOLUTIONS.

Se remettre devant l'esprit toutes les injures reçues et tous les torts qu'on nous a faits, les pardonnant sur-le-champ de grand cœur et priant pour ceux qui en sont les auteurs. — Protester à Dieu qu'on ne se laissera jamais aller par la suite à la vengeance, et s'imposer d'avance une pénitence à faire en cas de rechute.

Offrande des résolutions. *p.* 107.

NEUVAINE

BOUQUET SPIRITEL.

Heureux ceux qui sont miséricordieux, parce qu'ils obtiendront miséricorde. *Matt.* 5. 7.

Prière à Notre-Dame de la Treille. *p.* 108.

Examen de la méditation. *p.* 109.

## QUATRIÈME JOUR.

*Hommage à Notre-Dame de Grâce.*

—◆—

### MÉDITATION.

MARIE, SOURCE DE GRACES.

*Je vous salue, pleine de grâces... Vous êtes bénie entre toutes les femmes.* Luc. 1. 28.

#### 1.er PRÉLUDE.

Se représenter la sainte Vierge dans son oratoire, au moment où s'opère l'ineffable mystère de l'Incarnation.

#### 2.e PRÉLUDE.

O Marie, Mère de Jésus, à qui m'adresserai-je avec plus de confiance qu'à vous, pour apprendre à connaître le prix de la grâce et pour m'y rendre fidèle. Intercédez pour moi, Vierge, heureuse entre toutes les créatures. C'est pour mon salut que vous avez mis au monde l'auteur de la grâce.

1.<sup>er</sup> POINT.

Quel est le prix de la grâce.

La grâce est un don gratuit, une faveur qui a pour fondement la seule bonté et libéralité divine ; et pourtant ce don ne s'accorde qu'en vertu des mérites de Jésus-Christ. Sans lui nous n'avons droit d'attendre de Dieu, depuis le péché, que les rigueurs de la justice. Pour nous mériter la grâce, le Fils de Dieu a passé sa vie dans les travaux, les humiliations et les douleurs. Elle est donc bien précieuse, considérée par rapport à son auteur.

L'est-elle moins, si l'on envisage les effets merveilleux, qu'elle produit dans les âmes qui y correspondent. La grâce a le pouvoir de nous rendre les amis de Dieu, de répandre dans nos esprits des lumières admirables, de changer totalement nos cœurs et de former en nous des hommes nouveaux, des créatures célestes.

La grâce est également précieuse, si l'on examine la fin pour laquelle elle nous est donnée. Dieu nous l'envole, pour nous faire pratiquer des œuvres dignes du Ciel, nous enrichir de mérites infinis et nous conduire à la possession de Dieu lui-même ; car la grâce doit nécessairement précéder la gloire ; elle est le germe de la bienheureuse immortalité.

### 2.ᶜ POINT.

En Marie se trouve la plénitude de la grâce.

Le Seigneur nous a appris, par la bouche de l'archange saint Gabriel, que Marie possédait la grâce dans toute sa plénitude, ou que tous les dons célestes les plus excellents surabondaient dans l'âme de la bienheureuse Vierge. Telle était déjà Marie, avant d'avoir conçu le Verbe éternel. Quels furent donc plus tard les trésors spirituels de cette femme incomparable, qui, devenant la mère de Dieu, devint en même temps la mère de la grâce, et ne cessa plus de faire fructifier ces premières richesses, durant tout le cours d'une longue vie !

Cela excède les pensées de toutes les intelligences créées.

Mais pourquoi tant de grâces dans une même créature? Sans doute parce qu'elle était destinée à être la mère *des vivants*, c'est-à-dire la mère des chrétiens, qui doivent vivre de la vie de la grâce. Marie en effet a reçu des grâces pour elle et pour nous qui sommes ses enfants et c'est surtout par Marie qu'il faut les chercher; car en donnant au monde l'auteur de la grâce, elle en est devenue pour nous l'heureux canal. Allons donc au trône de la grâce, c'est-à-dire au cœur de notre mère, avec une entière et joyeuse confiance.

### COLLOQUE.

Dire à Marie, comme autrefois Mardochée à Esther, que si elle est grande devant Dieu et favorisée de tous les biens de la grâce, c'est pour l'utilité de son peuple; que sa gloire doit être la richesse de ses enfants.

### RÉSOLUTIONS.

Prendre la résolution de ne jamais omettre

la récitation d'une partie du chapelet, aimant à répéter, avec un respect mêlé d'amour et de confiance, la Salutation que l'Ange fit à Marie, pleine de grâce. — Féliciter souvent le Seigneur d'avoir été si libéral envers notre mère.

Offrande des résolutions, *p.* 107.

### BOUQUET SPIRITUEL.

Telle est la volonté de Dieu que tout bien nous vienne par Marie. *St. Bern.*

Prière à Notre-Dame de la Treille. *p.* 108.

Examen de la méditation. *p.* 109.

## CINQUIÈME JOUR.

*Hommage à Notre-Dame de Paix.*

### MÉDITATION.

NOTRE-DAME DE PAIX.

*La paix abonde dans le lieu qu'Elle habite.*
Ps. 75. 3.

Oraison préparatoire, *p.* 103.

#### 1.ᵉʳ PRÉLUDE.

Se représenter la sainte Vierge dans sa maison de Nazareth, priant, méditant ou s'occupant à quelque ouvrage manuel, toujours modeste, recueillie et dans le calme le plus parfait.

#### 2.ᵉ PRÉLUDE.

O Jésus, Prince de la paix, qui avez versé

si abondammant ce bien incomparable dans l'âme de votre sainte Mère, apprenez-moi en quoi consiste cette paix dont parle votre apôtre, cette paix qui surpasse tout sentiment, et ôtez de mon cœur tout ce qui s'y oppose à l'acquisition de ce précieux trésor.

### 1.er POINT.

#### Marie est toute pacifique.

La paix est un fruit du Saint-Esprit, dès-lors elle a dû régner dans le cœur de Marie comme dans un sanctuaire de prédilection; car l'Esprit-Saint, avec tous ses dons et tous les fruits qu'il fait naître, était en Marie d'une manière plus excellente que dans les autres Saints. Ceux-ci ne participent à ce divin Esprit qu'en qualité de serviteurs; Marie l'a reçu en qualité d'Epouse.

La paix est le partage des hommes de bonne volonté; et que faut-il entendre par bonne volonté, sinon un cœur docile à la grâce, généreux pour le service de Dieu, plein de charité pour le prochain? Or, quelle pure créature a jamais égalé Marie dans la pratique de ces éminentes vertus? La paix fut donc par excellence son partage. La paix est le repos du cœur qui a pour base l'humilité et la douceur, selon la parole de Jésus-Christ. Et qui ne sait que ces deux aimables vertus ont été comme personnifiées dans la Mère de Jésus? Marie est donc toute pacifique, et son âme est le siége de la paix.

## 2.ᵉ POINT.

Comment on peut trouver la paix.

Ce n'est pas sans motif que tous les hommes désirent la paix, appellent la paix de tous leurs vœux, sont prêts à faire tous les sacrifices pour avoir la paix. C'est qu'en effet la paix est essentielle au bonheur. Tous ont donc bien raison de la chercher de toutes leurs forces; mais qu'il est triste de voir l'erreur où tombent la plupart des hommes, prenant un chemin tout opposé à celui qui mène à la paix! Avant d'avoir la paix avec soi, il faut l'avoir avec Dieu; car, *qui a résisté à Dieu et a eu la paix?* C'est un oracle du Saint-Esprit; il n'a pas besoin de preuve. Mais, au contraire, qui a su ranger en tout sa volonté à la volonté divine par une fidèle observation de sa loi, soumettant son esprit et son cœur à toutes les dispositions de sa Providence, croyant à sa parole, espérant dans ses promesses, disant comme ce héros de la patience au sein de la tribulation : *Dieu me l'a donné, Dieu me l'a ôté, que son Nom soit béni;* qui, dis-je, a agi de la sorte, et n'a point senti la paix la plus délicieuse inonder son âme? Entrons dans cette voie, elle nous conduira infailliblement dans l'aimable sanctuaire de la paix.

### COLLOQUE.

Demander à Marie quelle a été en elle la source de cette paix abondante dont elle a toujours si paisiblement joui. — S'entretenir avec elle des moyens à prendre pour l'établir solidement en nous-mêmes.

### RÉSOLUTIONS.

Prendre la détermination fixe de détruire en nous telle ou telle attache à la créature que nous savons bien avoir troublé notre paix jusqu'à présent. — En faire pendant quelque temps l'objet de notre examen particulier, jusqu'à ce qu'elle soit totalement rompue.

Offrande des résolutions, *p.* 107.

### BOUQUET SPIRITUEL.

Ils s'écriaient la paix! la paix! et il n'y avait point de paix. *Jér.* 6. 14.

Gloire à Dieu dans les Cieux et paix sur la terre aux hommes de bonne volonté. *Luc.* 2. 14.

Prière à Notre-Dame de la Treille, *p.* 108.

Examen de la méditation, *p.* 109.

## SIXIÈME JOUR.

*Hommage à Notre-Dame de Consolation.*

—◆—

### MÉDITATION.

#### MARIE NOTRE CONSOLATION.

*Comme une mère prodigue ses tendres caresses à son enfant, ainsi m'appliquerai-je à vous consoler.* Is. 66. 13.

Oraison préparatoire, *p.* 103.

1.ᵉʳ PRÉLUDE.

Se représenter Marie dans le sanctuaire de l'un des plus célèbres lieux de pélerinage où l'on voit rangés autour de son image d'innombrables malheureux qui lui tendent les bras ou fixent tendrement leurs regards sur elle, comme sur la consolatrice de tous les affligés.

NEUVAINE

### 2.e PRÉLUDE.

Je me réfugie près de vous, ô ma Mère! et vous découvre ma faiblesse et mon ignorance. Jetez les yeux sur ma misère; aidez-moi de vos lumières et dirigez toujours mes pas vers la source des vraies consolations.

### 1.er POINT.

### La consolation nous est nécessaire.

Sitôt que nos premiers parents eurent péché, ils sentirent le besoin de la consolation, et Dieu daigna lui-même leur en procurer une des plus inespérées; car, à peine furent-ils condamnés au travail, à la souffrance et à la mort, qu'il leur promit un libérateur, pour les affranchir de leurs maux. Cette assurance les soutint dans leurs tribulations et dans leur pénitence.

Nous avons tous hérité de leurs malheurs comme de leurs espérances : tous nous allons boire au même calice, et tous aussi nous soupirons après la consolation. A peine se passet-il un jour sans quelque épreuve nouvelle pour nous qui sommes si faibles et si facilement découragés ! La consolation nous est donc bien nécessaire. Comment vivre sans elle ? Heureusement elle s'offre à nous sous le plus doux aspect. C'est une tendre Mère qui nous la présente.

### 2.ᵉ POINT.

Comment Marie console ses serviteurs.

Marie console le voyageur et l'exilé en rappelant à leur esprit sa fuite et son séjour en Egypte.

Marie console la mère qui pleure la perte d'un enfant chéri, en lui montrant son Fils unique mis à mort pour notre salut.

Marie console les âmes en proie aux peines intérieures, lorsqu'elle se présente à leurs regards sur le chemin de Jérusalem, cherchant durant trois jours Jésus qu'elle a perdu.

Marie console tous ceux qui souffrent, en obtenant à ceux-ci le courage et la patience qui adoucissent les maux ; à ceux-là des lumières pour connaître le prix des souffrances et la gloire qui doit les suivre ; en envoyant aux autres des Anges consolateurs qui viennent invisiblement, comme autrefois l'Ange du Seigneur au jardin des oliviers, répandre dans les cœurs affligés un baume qui guérit les blessures que la douleur a faites, une force divine, qui soutient et quelquefois élève l'homme au-dessus de sa faiblesse naturelle par l'amour et par l'espérance...

### COLLOQUE.

Faire à Marie l'énumération de toutes nos peines et de toutes nos misères, comme un enfant qui pleure près de sa mère. — Lui rappeler les bontés qu'elle a toujours eues pour ceux qui ont eu recours à elle dans leurs afflictions.

### RÉSOLUTIONS.

Lorsqu'il survient un évènement malheureux, quelque grande douleur inattendue, se jeter à genoux, ou lever les yeux au Ciel pour se recommander à Marie avant de réfléchir sur sa peine. — Prier souvent la divine consolatrice pour ceux qui souffrent.

## A N.-D. DE LA TREILLE.

Offrande des résolutions, *p.* 107.

### BOUQUET SPIRITUEL.

Invoquez-moi dans la souffrance; je vous sauverai de vos maux, et vous me rendrez gloire. *Ps.* 49. 15.

Prière à Notre-Dame de la Treille, *p.* 108.

Examen de la méditation, *p.* 109.

## SEPTIÈME JOUR.

*Hommage à Notre-Dame de Bon-Secours.*

### MÉDITATION.

LA DÉVOTION A NOTRE-DAME DE BON-SECOURS.

*Je vous ai exaucé au temps opportun, et je vous ai secouru au jour marqué pour votre salut.* Is. 49. 8.

1.ᵉʳ PRÉLUDE.

Se représenter le jeune Stanislas Kostka sur un lit de douleurs, en danger de mort, privé de toutes les consolations de la religion, puis la sainte Vierge venant le visiter en personne, et lui mettant entre les bras l'enfant Jésus qui le comble de joie.

## 2.ᶜ PRÉLUDE.

O Marie! que je serais heureux de pouvoir sentir toute l'étendue de mes besoins et d'avoir toujours la pensée de recourir à vous dans les dangers et les peines sans nombre qui m'accablent. Daignez, ma tendre Mère, éclairer mon âme, et augmenter sans cesse mon amour et ma confiance en votre secours.

### 1.ᵉʳ POINT.

C'est avec raison qu'on donne à Marie le titre de Notre-Dame de Bon-Secours.

Marie a mérité le titre de Dame de Bon-Secours, à cause de la protection signalée qu'elle a accordée en tout temps à ceux qui l'ont invoquée avec confiance. Témoin, par exemple, la victoire de Lépante, où elle délivra les nations fidèles de la puissance des Turcs qui avaient juré la perte du nom chrétien. Témoin encore la délivrance miraculeuse du Pape Pie VII, captif à Savone, et comme tout-à-coup porté par ses ennemis eux-mêmes sur le trône pontifical.

Qui de nous aussi, pour peu qu'il réfléchisse sur les circonstances difficiles de sa vie, ne reconnaît aisément qu'il a été plus d'une fois redevable de quelque insigne faveur à une protection inopinée de la Vierge de Bon-Secours? Il semble que Dieu ne nous laisse quelquefois dans la peine ou dans le péril que pour donner occasion à notre Mère de signaler envers nous sa bonté et sa puissance. Elle est pour chacun de nous comme une seconde Providence. Rendons-nous dignes par notre confiance de ressentir les heureux effets de sa protection.

2.<sup>e</sup> POINT.

Le titre de Notre-Dame de Bon-Secours doit nous inspirer une grande confiance.

Marie n'a pu recevoir de ses enfants le titre de Notre-Dame de Bon-Secours, que par une suite de marques de tendresse et de dévouement données en leur faveur; de même qu'on n'appelle *miraculeuse* une image ou une médaille que parce qu'elle a été l'occasion

## A N.-D. DE LA TREILLE.

d'une série de grâces prodigieuses. Mais si Marie, mille et mille fois a fait preuve de bonté et de tendre sollicitude, en assistant à propos ceux qui ont eu recours à elle dans leur détresse, pourquoi ne le ferait-elle pas encore? Il s'en faut bien que sa charité pour les hommes diminue en quelque chose; nous la voyons même, pour ainsi dire, prendre chaque jour un nouvel essor dans les merveilles inouies justement attribuées à son intercession. Son amour de Mère se manifeste sans cesse en tant de manières différentes, que nous sommes obligés de chercher de nouveaux titres pour qualifier des bontés toujours renaissantes. Ah! ne craignons qu'une seule chose, de mettre des bornes à notre confiance. Plus nous oserons espérer de Marie, plus nous serons enrichis de ses dons, plus nous serons l'objet de ses maternelles complaisances.

### COLLOQUE.

Rappeler à Marie tous les puissants secours et bons offices de charité que l'on a reçus d'elle depuis son enfance. — S'accuser de son peu de reconnaissance et du retard que l'on apporte à s'abandonner à sa protection.

### RÉSOLUTIONS.

Imiter Notre-Dame de Bon-Secours, en assistant aujourd'hui quelque indigent. — Ne jamais rebuter ceux qui sont dans la peine. Si l'on ne peut les en délivrer, leur témoigner au moins de l'intérêt, et une sincère compassion.

Offrande des résolutions, *p*. 107.

### BOUQUET SPIRITUEL.

J'ai eu faim et vous m'avez donné à manger... J'ai été malade et vous m'êtes venu voir... J'ai été prisonnier et vous m'avez visité... *Matt.* 25. 35.

Prière à Notre-Dame de la Treille, *p*. 108.

Examen de la méditation, *p*. 109.

A N.-D. DE LA TREILLE.

## HUITIÈME JOUR.

*Hommage à Notre-Dame de Pitié.*

### MÉDITATION.

#### LA COMPASSION DE MARIE.

*Quel est celui qui souffre sans que je souffre moi-même? Quel est celui qui tombe sans que j'en sente le contre-coup?* 2. Cor. 11. 29.

#### 1.ᵉʳ PRÉLUDE.

Suivez en esprit Marie après l'ascension de son Fils, parcourant en habit de deuil la voie douloureuse par où Jésus fut conduit au supplice, arrosant de ses larmes et baisant de ses lèvres compatissantes tous les endroits où le Sauveur avait le plus souffert.

#### 2.ᵉ PRÉLUDE.

Divine Vierge, exercez votre tendre pitié sur

moi. Ayez compassion de mon âme, dissipez les ténèbres de mon esprit, et demandez pendant cette méditation que je sois fortifié pour pratiquer une vertu si désirable et dont vous m'avez laissé de si beaux exemples.

### 1.er POINT.

Compassion de Marie pour Jésus souffrant.

Nous voyons dans la vie de plusieurs grands Saints et d'illustres Vierges, connus par leur amour pour la croix, que Dieu voulant récompenser leur ardeur pour les souffrances, imprima sur leurs membres les sacrés stigmates de sa passion, leur faisant endurer intérieurement les douleurs qu'il avait lui-même souffertes. C'était afin de rendre encore leur piété plus tendre et leur âme plus compatissante. Mais cette grâce accordée aux serviteurs, aurait-elle été refusée à la Mère? Non, sans doute, et le Cœur de Marie, durant tout le cours de la carrière mortelle de Jésus, fut constamment un miroir fidèle de sa vie souffrante. Les martyrs ont pour insigne ou marque distinctive de leur gloire les instruments de leur supplice; mais Marie doit être reconnue Reine des martyrs, dès qu'on la voit placée au pied de la croix. Là toutes les douleurs de Jésus lui sont devenues personnelles. Elle s'est identifiée avec ses souffrances et son âme, comme une cire molle et flexible où l'on appose le cachet, a reçu fidèlement toutes les impressions du Cœur de Jésus luttant avec la douleur et la mort.

### 2.ᵉ POINT.

Compassion de Marie pour les maux de ses enfants.

Compatir, c'est partager la peine d'autrui; c'est se rendre propres les souffrances du prochain; c'est là un caractère distinctif de la charité qui rend tout commun, les biens et les maux de la vie. L'égoïsme repousse loin de soi tout ce qui afflige, et volontiers le rejette sur les autres. La tendre compassion, au contraire, prend facilement part aux maux que souffrent le prochain et voudrait les soulager à ses dépens.

Quel sera donc le cœur de Marie? Il est tout

amour et bonté. La charité y règne comme dans son empire. Dès-lors tous nos maux la touchent de près et deviennent comme les siens propres. Quoique Marie ne puisse plus souffrir, étant dans la gloire, elle partage toutes nos angoisses par l'affection qu'elle nous porte. Il nous paraît souvent pénible de porter la croix dans l'isolement; mais, consolons-nous, nous ne souffrons pas seuls; le cœur de notre Mère s'intéresse vivement alors en faveur de nos âmes.

### COLLOQUE.

S'humilier devant Marie de la dureté de notre cœur, si peu conforme au sien. — La prier de nous enseigner la manière de méditer avec fruit sur la Passion de son Fils.

### RÉSOLUTIONS.

Visiter quelque personne malade ou souffrante, et lui témoigner une charitable compassion. — Faire de sa propre main une aumône à un prisonnier ou à quelque pauvre honteux.

Offrande des résolutions. *p.* 107.

A N.-D. DE LA TREILLE.

BOUQUET SPIRITUEL.

Heureux ceux qui sont doux et compatissants, ils posséderont le cœur des hommes et la terre des vivants.

Prière à Notre-Dame de la Treille, *p.* 108.

Examen de la méditation, *p.* 109.

## NEUVIÈME JOUR.

*Hommage à Notre-Dame de Délivrance.*

### MÉDITATION.

NOTRE-DAME NOUS DÉLIVRE DE NOS MAUX.

*Vous m'avez adressé votre prière au jour de la tribulation, et je vous ai délivré.* Ps. 80. 8.

#### 1.er PRÉLUDE.

Figurez-vous la Vierge immaculée debout sur une hémisphère, tenant le pied sur la tête de l'antique serpent, qui s'efforce, mais en vain, de mordre au talon celle qu'il sait devoir être la *libératrice* du genre humain.

#### 2.e PRÉLUDE.

O Dieu qui conduisez chaque chose à sa fin

avec force et douceur, qui mettez avec une souveraine sagesse l'appareil sur la plaie, soyez la lumière et la force de mon âme, pour me faire rechercher et goûter le puissant remède que vous m'avez ménagé au milieu des maux qui m'accablent dans cet exil de la vie.

### 1.er POINT.

Cette vie est toute semée de peines.

Le Seigneur, après le péché de nos premiers parents, prononça une sentence qui les atteignit eux et leurs descendants. A l'un il fut dit qu'il mangerait son pain de chaque jour à la sueur de son front et que la terre ne lui donnerait d'elle-même qu'une moisson de ronces et d'épines; Dieu dit à l'autre, qu'elle enfanterait avec douleur et que les maux pleuvraient sur elle. A ce triste héritage, fruit du péché originel, l'homme ajoute encore de son propre fonds; il ajoute les péchés qu'il ne cesse lui-même de commettre. Faut-il donc s'étonner qu'il s'attire une suite interminable de peines et d'afflictions? C'est pourquoi l'Esprit-Saint nous dit, par la bouche de Job, que les enfants d'Eve, dans le peu de jours qu'ils ont à vivre, sont en proie à de nombreuses misères.

Mais, au milieu de cette carrière semée de tant de maux, nous ne sommes pas sans espoir; car il nous reste Marie et avec elle un moyen facile d'adoucir nos tribulations ou de nous en délivrer, quand il est expédient pour le bien de nos âmes.

## 2.ᵉ POINT.

Marie est un remède efficace à nos maux.

La foi nous apprend sans doute qu'il n'y a qu'un seul médiateur, qui est Jésus-Christ, un seul Sauveur et par conséquent un seul libérateur proprement dit. Mais Dieu ne s'est-il pas plu dès le commencement du monde à gouverner, à éclairer et à *sauver* ses créatures par d'autres créatures. Nous apprenons de saint Paul que tous les anges exercent auprès des hommes un *ministère de salut*, c'est-à-dire ont la mission de les soustraire aux maux qui les atteignent ou les menacent. Il ne doit donc pas paraître étonnant que la Reine des Anges et la Mère des hommes puisse et veuille nous délivrer de nos misères. Aussi depuis que Marie a paru sur la terre, les hommes sont plus heureux, et ils sont exempts, s'ils le veulent, d'une infinité de tourments spirituels et corporels. Il suffit de recourir à Elle dans toutes les calamités de la vie pour en trouver le remède. Ou Marie nous obtient la grâce qui nous en délivre, ou la lumière qui nous console, en faisant voir dans les peines présentes l'assurance et comme les arrhes de la gloire future.

### COLLOQUE.

Inviter Marie à venir comme en personne visiter notre cœur dans ses perplexités et ses peines, afin d'y appliquer elle-même le remède convenable. — Lui dire que si Elle est puissante et heureuse, Elle le doit à nos misères, n'étant devenue Mère de Dieu, que parce que nous avions cessé d'être les enfants de Dieu.

### RÉSOLUTION.

Exercer aujourd'hui quelque acte de miséricorde corporelle ou spirituelle envers le prochain. — Prier pour la conversion d'un pécheur endurci.

Offrande des résolutions, *p.* 107.

BOUQUET SPIRITUEL.

Portez les fardeaux les uns des autres, et vous aurez accompli toute la loi.

Prière à Notre-Dame de la Treille, *p.* 108.

Examen de la méditation, *p.* 109.

# LITANIES

### DE NOTRE-DAME DE LA TREILLE.

Seigneur, ayez pitié de nous.
Jésus-Christ, ayez pitié de nous.
Seigneur, ayez pitié de nous.
Jésus-Christ, écoutez-nous.
Jésus-Christ, exaucez-nous.
Père céleste, qui êtes Dieu, ayez pitié de nous.
Fils, Rédempteur du monde, qui êtes Dieu, ayez pitié de nous.
Esprit-Saint, qui êtes Dieu, ayez pitié de nous.
Trinité sainte, un seul Dieu, ayez pitié de nous.
Sainte Marie, notre Mère et notre Patronne, priez pour nous.
Sainte Mère de Dieu, p. p. n.
Sainte Vierge des vierges, p. p. n.
Notre-Dame de la Treille, de temps immémorial la patronne de Lille, p. p. n.

LITANIES

Notre-Dame de la Treille, source de la piété de nos aïeux, priez pour nous.

Notre-Dame de la Treille, notre consolation dans les douleurs, p. p. n.

Notre-Dame de la Treille, notre sécurité dans les périls, p. p. n.

Notre-Dame de la Treille, notre secours efficace dans tous les maux, p. p. n.

Notre-Dame de la Treille, refuge des mères désolées de la perte de leurs enfants, p. p. n.

Notre-Dame de la Treille, miraculeuse en votre image, p. p. n.

Notre-Dame de la Treille, rendant la santé aux malades et aux infirmes, p. p. n.

Notre-Dame de la Treille, commandant avec empire aux démons, p. p. n.

Notre-Dame de la Treille, ravissant à la mort ses victimes, p. p. n.

Notre-Dame de la Treille, abondante en grâces et en miséricordes, p. p. n.

Notre-Dame de la Treille, tour d'ivoire de la Cité, p. p. n.

Notre-Dame de la Treille, force de ses remparts, p.

## DE N.-D. DE LA TREILLE.

Notre-Dame de la Treille, terreur de ses ennemis, priez pour nous.

Notre-Dame de la Treille, protectrice des pieux héros de la Toison d'or, p. p. n.

Notre-Dame de la Treille, honorée des Empereurs, p. p. n.

Notre-Dame de la Treille, invoquée par le saint roi Louis, p. p. n.

Notre-Dame de la Treille, la gloire d'une innombrable Confrérie, p. p. n.

Notre-Dame de la Treille, la joie et l'espérance de notre ville, p. p. n.

Par votre amour de prédilection pour nous, nous vous en prions, secourez-nous.

Par votre constante protection sur votre peuple chéri, nous vous en prions, secourez-nous.

Par les hommages que vous avez reçus de nos ancêtres, nous vous en prions, secourez-nous.

Par l'auguste dédicace de toute une grande ville à votre culte, nous vous en prions, secourez-n.

Par l'admirable concours de vos pélerins, nous vous en prions, secourez-nous.

Par la dévotion des princes et du peuple de Lille

à vos douleurs, nous vous en prions, secourez-n.

Par la conservation de votre image miraculeuse au milieu de nous, nous vous en prions, etc.

Agneau de Dieu, qui effacez les péchés du monde, écoutez-nous.

Agneau de Dieu, qui effacez les péchés du monde, exaucez-nous.

Agneau de Dieu, qui effacez les péchés du monde, ayez pitié de nous.

Jésus-Christ, écoutez-nous.

Jésus-Christ, exaucez-nous.

℣. Priez pour nous, Marie, notre Mère et notre Patronne,

℟. Et rendez-nous dignes par votre intercession des promesses de votre Fils.

PRIONS.

Jésus-Christ, Dieu de clémence et de bonté, qui êtes honoré dans les honneurs qu'on rend à votre Mère, accueillez favorablement ce faible tribut de nos louanges, offert à Celle qui a eu la gloire de vous donner le jour ; recevez par l'illustre Patronne de notre ville, l'humble supplique que nous osons vous présenter en son nom, et rendez-vous propice à nos vœux. Vous, qui étant Dieu, vivez et régnez avec Dieu le Père en union du Saint-Esprit dans les siècles des siècles. Ainsi soit-il.

# CANTIQUE

EN L'HONNEUR

## DE NOTRE-NOTRE DE LA TREILLE.

Notre-Dame à la Treille,
Veux-tu prêter l'oreille,
Pour bien ouïr la voix
Du bon peuple Lillois?
Il vient te faire entendre
Un chant naïf et tendre,
Pour fêter ton retour,
Dame du saint amour.

Autrefois ta bannière,
Célèbre dans Saint-Pierre,
Protégeait nos aïeux,
Reine aimable des Cieux;
Te prenant pour patronne
Lille aux pieds de ton trône
Vint déposer ses clés,
O force des cités!

## DE N.-D. DE LA TREILLE.

La fière Germanie,
Au Français réunie,
Te voua sur l'autel
Un amour éternel.
Maint peuple, à son exemple,
Vint jurer dans ton temple
D'être à toi pour toujours,
Dame de Bon-Secours.

Durant huit siècles, Lille
A dans son sein tranquille
Recueilli tes bienfaits,
Notre-Dame de paix ;
Et cinquante ans d'absence
Lui donnent l'assurance
D'un surcroît de faveurs,
Dame, espoir des pécheurs.

Sois donc, puissante mère,
Sensible à la prière
De tes pieux enfants.
Daigne écouter leurs chants ;
Supporte leur faiblesse,
Redouble leur tendresse

## CANTIQUE DE N.-D. DE LA TREILLE.

Pour la divine loi,
Notre-Dame de Foi.

Qu'une clarté nouvelle
Brille à l'œil infidèle ;
Eclaire la cité,
Dame de pureté !
Veille aussi sur la France,
La terre d'espérance ;
Fais-y connaître Dieu,
Dame à la Treille, adieu !

# MÉTHODE

## POUR ASSISTER AVEC FRUIT AU SAINT SACRIFICE DE LA MESSE.

Cette méthode étant l'ouvrage d'un saint, il y a tout lieu de croire que des grâces particulières y sont attachées. L'auteur eut la consolation d'en recueillir en peu de temps les fruits les plus abondants. Le souverain Pontife, après l'avoir approuvée et recommandée aux Fidèles, leur accorde trois cents jours d'Indulgence, toutes les fois qu'ils la suivront en assistant au saint sacrifice. Elle a été traduite de l'italien par le cardinal Galeffi.

---

La méthode qui me paraît la plus propre et la plus conforme à l'esprit de la sainte Eglise, pour assister au saint sacrifice de la messe, est de s'unir aux sentiments du prêtre. Il doit offrir ce sacrifice pour satisfaire aux quatre principaux devoirs que nous sommes obligés de rendre à Dieu, et qui sont en même temps les quatre fins pour lesquelles Jésus-Christ lui-même offre, par les mains du prêtre, cet auguste sacrifice.

Le premier devoir, c'est de louer et adorer l'infinie majesté de Dieu; le second, de satisfaire à sa justice pour tous nos péchés; le troisième, de le remercier de tous les bienfaits que nous en avons reçus ; le quatrième, de lui exposer nos besoins, comme à l'auteur et au principe de toutes les grâces.

C'est pourquoi, remplissant en quelque manière la fonction de prêtre, lorsque vous assistez à la messe, vous devez, autant qu'il est possible, vous appliquer à la considération de ces quatre fins. Vous le ferez aisément, au moyen des quatre offrandes que nous allons vous indiquer.

Voici donc la manière de mettre en pratique cette méthode. Servez-vous de ce livre, jusqu'à ce que vous ayez appris par cœur les offrandes suivantes, ou du moins jusqu'à ce que vous soyez bien pénétré de leur sens ; car il n'est pas nécessaire de s'astreindre aux mêmes paroles.

Au commencement de la messe, lorsque le prêtre s'humilie au pied de l'autel, en récitant le *Confiteor*, faites un petit examen de conscience, vous excitant à former dans votre cœur un acte de contrition, demandant humblement pardon à Dieu de vos péchés, implorant l'assistance du Saint-Esprit et de la sainte Vierge, pour entendre la messe avec tout le respect et la dévotion dont vous serez capable. Ensuite, partagez la messe en quatre parties, pour vous mieux acquitter des quatre grands devoirs dont nous avons parlé. Faites-le de la manière suivante :

I. Dans la première partie, depuis le commencement jusqu'à l'évangile, vous vous acquitterez du premier devoir, qui consiste à adorer et à louer la majesté de Dieu, digne d'honneur et de louanges infinies. Pour cela, humiliez-vous avec Jésus-Christ, abîmez-vous dans votre néant, confessez-le humblement devant cette infinie majesté, et dites-lui, aussi humilié d'esprit que de corps :

« O mon Dieu, je vous adore et vous recon-
» nais pour mon Seigneur et pour le maître de
» mon âme : je proteste que tout ce que je suis
» et tout ce que j'ai, c'est de vous que je le

» tiens. Mais parce que votre souveraine ma-
» jesté mérite un honneur et exige un hommage
» infini, et que je suis tout-à-fait incapable de
» vous payer une si grande dette, je vous offre
» les humiliations et les hommages que Jésus
» vous rend sur cet autel.

» Ce que Jésus fait, je veux le faire moi-
» même; je m'humilie et m'abaisse avec lui
» devant votre suprême majesté; je vous adore
» avec les mêmes sentiments d'humiliation avec
» lesquels vous adore mon Jésus. Je me réjouis
» de tout mon cœur, en pensant à la soumis-
» sion infinie que ce divin Sauveur vous rend
» pour moi.

Ici fermez le livre, et continuez intérieurement les mêmes actes, vous félicitant de ce que Dieu est infiniment honoré, et répétant à diverses reprises :

» Oui, mon Dieu, j'ai une extrême satisfac-
» tion de l'honneur infini qui revient à votre
» divine majesté de ce saint sacrifice ; j'en ai
» une joie et un contentement que je ne puis
» exprimer.

Ne vous mettez pas en peine de répéter mot à mot ces prières ; mais servez-vous librement des paroles que vous suggérera votre dévotion. Soyez surtout profondément recueilli et uni à Dieu. C'est ainsi que vous vous acquitterez de votre premier devoir envers Dieu.

II. Vous satisferez pour le second, depuis l'évangile jusqu'à l'élévation. Jetez un coup-d'œil sur vos péchés ; et voyant les dettes immenses que vous avez contractées envers la justice divine, dites avec les sentiments d'une profonde humilité :

» Voici, mon Dieu, ce traître qui tant de fois
» s'est révolté contre vous. Hélas ! pénétré de
» douleur, j'ai en abomination et je déteste de
» tout mon cœur mes innombrables péchés ; je
» vous présente en paiement la même satisfac-
» tion que Jésus vous fait sur l'autel. Je vous
» offre tous les mérites de Jésus, le Sang de
» Jésus, ce même Jésus tout entier, Dieu et
» homme tout ensemble, qui, en qualité de
» victime, daigne encore renouveler son sacri-
» fice en ma faveur ; et puisque mon Jésus se
» fait sur cet autel mon médiateur et mon avo-
» cat, et que, par son sang très-précieux, il
» vous demande miséricorde pour moi, j'unis
» ma voix à celle de ce sang adorable, et je
» vous demande miséricorde pour tant de pé-
» chés énormes que j'ai commis. Le sang de
» Jésus réclame votre miséricorde ; et mon cœur,
» pénétré de douleur, vous la demande aussi.
» O Dieu de mon cœur, si vous n'êtes pas tou-
» ché de mes larmes, soyez-le des gémissements
» de mon Jésus ; s'il a obtenu miséricorde sur
» la croix pour tout le genre humain, pourquoi
» ne l'obtiendrait-il pas pour moi sur cet autel ?
» Oui, mon Dieu, j'espère qu'en vertu de ce
» sang précieux vous me pardonnerez toutes

» mes iniquités ; et je continuerai de les pleurer
» jusqu'au dernier soupir de ma vie.

Puis, ayant fermé le livre, répétez ces actes d'une vraie et profonde contrition ; donnez un libre cours aux affections de votre cœur ; dites à Jésus, du fond de votre âme :

» Mon bien-aimé Jésus, donnez-moi les lar-
» mes de saint Pierre, la contrition de sainte
» Magdeleine, et la douleur de tous les Saints
» qui, de pécheurs, sont devenus de véritables
» pénitents ; afin que j'obtienne, par le mérite
» de ce saint sacrifice, le pardon absolu de
» mes péchés.

Réitérez ces mêmes actes, profondément recueilli en Dieu ; et soyez sûr qu'ainsi vous paierez complètement toutes les dettes que vos péchés vous avaient fait contracter envers Dieu.

III. Dans la troisième partie de la messe, c'est-à-dire depuis l'élévation jusqu'à la communion, en vous considérant comblé de tant et de si grands bienfaits, offrez à Dieu en échange le corps et le sang précieux de Jésus-Christ, dont la valeur est infinie ; invitez tous les Anges et tous les Saints du ciel à remercier Dieu pour vous, à peu près de la manière suivante :

» Dieu de mon cœur, me voici chargé des
» bienfaits généraux et particuliers que vous
» avez daigné me prodiguer, et que vous êtes
» disposé à m'accorder encore dans le temps et
» dans l'éternité. J'avoue que vos miséricordes
» à mon égard sont infinies ; cependant je suis

» prêt à vous payer entièrement et jusqu'à la
» dernière obole. En reconnaissance et en paie-
» ment de tout ce que je vous dois, je vous
» présente, par les mains du prêtre, ce sang
» divin, ce corps très-précieux, cette innocente
» victime. Cette offrande, j'en suis sûr, suffit
» pour compenser tous les dons que vous m'a-
» vez faits : ce don, qui est d'un prix infini,
» vaut certainement, à lui seul, tous ceux que
» j'ai reçus jusqu'ici, que je reçois à chaque
» moment, et que je recevrai encore de vous
» dans la suite. O vous tous, Anges du Seigneur,
» vous tous bienheureux habitants des cieux,
» aidez-moi à remercier mon Dieu ; et offrez-
» lui, en actions de grâces pour tant de bien-
» faits, non-seulement cette messe, mais aussi
» toutes celles qui se célèbrent aujourd'hui dans
» le monde entier; afin que par là je compense
» parfaitement son amoureuse bienfaisance pour
» toutes les grâces dont il m'a comblé jusqu'i-
» ci, pour celles qu'il me fait maintenant, et
» pour toutes celles qu'il daignera me faire dans
» tous les siècles des siècles. Ainsi soit-il.

Avec quelle douce complaisance ce Dieu de bonté ne recevra-t-il pas le témoignage d'une reconnaissance si affectueuse ! Et comment pourrait-il n'être pas satisfait de cette offrande, qui est d'un prix infini ?

Pour vous exciter davantage à concevoir ces pieux sentiments, invitez tout le paradis à remercier

Dieu pour vous ; invoquez tous les saints auxquels vous avez une dévotion particulière ; et dans l'effusion de votre cœur, adressez-leur la prière suivante :

» O vous mes saints patrons, rendez grâces
» pour moi à la bonté de mon Dieu, afin que
» je ne vive et ne meure pas dans l'ingratitude;
» suppliez-le d'agréer ma bonne volonté, et
» d'avoir égard aux remercîments pleins d'amour
» que mon Jésus lui fait pour moi dans ce saint
» sacrifice.

Entretenez-vous dans ces pieux sentiments, en répétant plusieurs fois cette prière, et assurez-vous que de cette manière vous vous acquitterez pleinement de la reconnaissance infinie que vous devez à Dieu pour tous ses bienfaits.

IV. Dans la quatrième partie de la messe, depuis la communion jusqu'à la fin, pendant que le prêtre communie sacramentellement, vous ferez la communion spirituelle, de la manière qui vous sera expliquée à la suite de cette instruction. Fixez ensuite vos regards sur Dieu, qui est au-dedans de vous; demandez-lui, avec une vive ardeur, toutes les grâces dont vous avez besoin, car c'est dans ce moment que Jésus s'unit à vous ; c'est lui qui prie et qui demande pour vous. Elargissez donc votre cœur, ne mettez aucune borne à vos désirs ; mais demandez à Dieu ses plus grandes grâces, puisque l'offrande de son divin Fils, que vous venez de lui faire, est d'un prix infini. Dites-lui donc avec une profonde humilité :

» O Dieu de mon âme, je me reconnais in-
» digne de vos faveurs : je confesse sincèrement
» mon extrême indignité : je ne mérite en au-

» cune manière que vous m'exauciez, vu la
» multitude et l'énormité de mes fautes : mais
» pourriez-vous rejeter la prière que votre ado-
» rable Fils vous adresse sur cet autel, où il
» vous offre sa vie et son sang pour moi? O
» Dieu de mon cœur, agréez la prière de Celui
» qui plaide en ma faveur auprès de votre ado-
» rable majesté ; et, en sa considération, ac-
» cordez-moi toutes les grâces que vous savez
» m'être nécessaires pour réussir dans la grande
» affaire du salut. C'est maintenant plus que ja-
» mais que j'ose vous demander le pardon gé-
» néral de tous mes péchés, et la grâce de la
» persévérance finale. De plus, appuyant toujours
» ma confiance sur les prières que vous adresse
» mon Jésus, je vous demande pour moi, ô
» mon Dieu! toutes les vertus qui me sont né-
» cessaires, tous les secours efficaces dont j'ai
» besoin pour devenir un saint; je vous deman-
» de encore la conversion de tous les infidèles,
» celle de tous les pécheurs, et particulièrement
» de ceux qui me sont unis par les liens du
» sang ou de l'amitié. Je vous conjure aussi de
» m'accorder la délivrance, non d'une seule âme,
» mais de toutes celles qui sont actuellement
» détenues en purgatoire ; délivrez-les toutes ;
» et par la vertu de ce saint sacrifice, faites
» que ce lieu de tourment et d'expiation soit
» entièrement évacué. Convertissez aussi tous les

## A LA SAINTE MESSE.

» pécheurs qui sont encore sur la terre, afin
» que ce misérable monde se change en un
» paradis de délices, et qu'après vous avoir
» aimé, loué, béni et adoré dans le temps,
» nous puissions vous louer et vous glorifier
» dans l'éternité. Ainsi soit-il.

Demandez avec assurance ; demandez pour vous, pour vos amis, pour vos proches, tout ce que vous voudrez ; demandez le soulagement de vos besoins spirituels et temporels.

Priez pour la sainte Eglise, afin que le Seigneur daigne la délivrer des maux qui l'affligent, et lui accorder la plénitude de tous les biens. Surtout ne demandez point avec tiédeur, mais avec la plus grande confiance ; ayez l'assurance que vos prières, unies à celles de Jésus, seront exaucées.

Après la messe, faites un acte d'action de grâces, en disant :

« Nous vous rendons grâces, ô Dieu tout-
» puissant, de tous vos bienfaits, vous qui
» vivez et régnez dans tous les siècles des siècles.
» Ainsi soit-il. »

Sortez de l'église, le cœur aussi touché de componction que si vous descendiez du Calvaire.

Maintenant, je vous le demande, si vous aviez assisté de cette manière à toutes les messes que vous avez entendues jusqu'à présent, de combien de trésors n'auriez-vous pas enrichi votre âme ! Ah ! quelle perte n'avez-vous pas faite, en assistant à un si grand sacrifice avec si peu de religion, promenant vos regards çà et là, regardant avec curiosité ceux qui entraient et qui sortaient, y causant quelquefois, et vous laissant aller lâchement au sommeil, ou tout au plus balbutiant quelque prière, sans attention et sans recueillement ! Prenez donc, dès ce moment, la résolution de vous servir de cette méthode, si simple et si facile, pour assister à la messe avec fruit. Soyez bien convaincu qu'en peu de temps votre âme sera, par ce moyen, enrichie de grâces et de bénédictions singulières ; vous concevrez de jour en jour une plus haute estime pour l'auguste sacrifice de la messe ; et jamais il ne vous arrivera de dire ou de penser : « Une messe de plus, une messe de moins, qu'importe ?... » Langage révoltant et scandaleux dans la bouche d'un chrétien, et malheureusement trop commun dans le siècle où nous vivons !

# VÊPRES
## DU DIMANCHE.

Pater, etc.
Ave, etc.
  Deus, in adjutorium meum intende : ℟. Domine, ad adjuvandum, me festina.
  Gloria Patri, et Filio, et Spiritui Sancto.
  ℟. Sicut erat in principio, et nunc, et semper, et in sæcula sæculorum. Amen.
  Alleluia.

Notre Père, etc.
Je vous salue, etc.
  O Dieu, venez à mon aide, ℟. Seigneur, hâtez-vous de me secourir.
  Gloire au Père, et au Fils, et au Saint-Esprit.
  ℟. A présent et toujours, comme dès le commencement, et dans les siècles des siècles. Ainsi soit-il.
  Louez Dieu.

*Depuis la Septuagésime jusqu'à Pâques, au lieu d'Alleluia.*

  Laus tibi, Domine, Rex æternæ gloriæ.

  Louange à vous, Seigneur, Roi d'éternelle gloire.

### PSAUME 109.

  Dixit Dominus Domino meo : Sede à dextris meis.
  Donec ponam inimi-

  Le Seigneur a dit à mon Seigneur : Asseyez-vous à ma droite;
  Jusqu'à ce que je réduise

vos ennemis à vous servir de marche-pied.
 Le Seigneur fera sortir de Sion le sceptre de votre puissance : régnez au milieu de vos ennemis.
 La souveraineté sera avec vous, au jour de votre force, au milieu des splendeurs de la sainteté, je vous ai engendré de mon sein avant l'aurore.
 Le Seigneur l'a juré, et son serment sera irrévocable. Vous êtes le Prêtre éternel, selon l'ordre de Melchisédech.
 Le Seigneur est à votre droite : il frappera les Rois au jour de sa fureur.
 Il jugera les nations, il consommera la ruine de ses ennemis, il brisera leurs têtes parmi les habitants de la terre.
 Il boira, dans sa course, des eaux du torrent; et c'est pour cela qu'il lèvera la tête.
 Gloire au Père, etc.
 *Ant.* Le Seigneur a dit à mon Seigneur : Asseyez-vous à ma droite.

cos tuos : scabellum pedum tuorum.
 Virgam virtutis tuæ emittet Dominus ex Sion : dominare in medio inimicorum tuorum.
 Tecum principium in die virtutis tuæ, in splendoribus Sanctorum : ex utero ante luciferum genui te.
 Juravit Dominus, et non pœnitebit eum : Tu es Sacerdos in æternum, secundùm ordinem Melchisedech.
 Dominus à dextris tuis : confregit in die iræ suæ Reges.
 Judicabit in nationibus implebit ruinas : conquassabit capita in terrâ multorum.
 De torrente in viâ bibet : proptereà exaltabit caput.
 Gloria Patri, etc.
 *Ant.* Dixit Dominus Domino meo : Sede à dextris meis.

PSAUME 110.

Je vous louerai, Seigneur, de toute l'affection de mon âme ; dans la réunion des

Confitebor tibi, Domine, in toto corde meo : in consilio justorum et congregatione.

Magna opera Domini : exquisita in omnes voluntates ejus.

Confessio et magnificentia opus ejus : et justitia ejus manet in sæculum sæculi.

Memoriam fecit mirabilium suorum misericors et miserator Dominus : escam dedit timentibus se.

Memor erit in sæculum testamenti sui : virtutem operum suorum annuntiabit populo suo.

Ut det illis hæreditatem gentium : opera manuum ejus, veritas et judicium.

Fidelia omnia mandata ejus confirmata in sæculum sæculi : facta in veritate et æquitate.

Redemptionem misit populo suo : mandavit in æternum testamentum suum.

Sanctum et terribile Nomen ejus : initium sapientiæ timor Domini.

Intellectus bonus omnibus facientibus eum :

justes, et dans leurs assemblées publiques.

Les œuvres du Seigneur sont grandes ; elles sont parfaitement adaptées à toutes ses volontés.

La gloire et la grandeur sont dans ses ouvrages, et sa justice est immuable dans les siècles des siècles.

Le Seigneur, plein de miséricorde et de tendresse, a perpétué le souvenir de ses merveilles ; il a donné une nourriture céleste à ceux qui le craignent.

Il se souviendra à jamais de son alliance : il a manifesté devant son peuple la puissance de ses œuvres.

Il lui a donné l'héritage des nations : les ouvrages de ses mains sont vérité et justice.

Toutes ses ordonnances sont fidèles, fermement établies pour tous les siècles, conçues dans la vérité et dans l'équité.

Il a envoyé un Rédempteur à son peuple ; il a fait avec lui une alliance éternelle.

Son Nom est saint et terrible : la crainte du Seigneur est le commencement de la sagesse.

Ceux qui agissent d'après elle, ont la vraie intelligence : sa gloire subsiste dans les siècles des siècles.

Gloire au Père, etc.

*Ant.* Toutes ses ordonnances sont fidèles, fermement établies pour tous les siècles.

laudatio ejus manet in sæculum sæculi.

Gloria Patri, etc.

*Ant.* Fidelia omnia mandata ejus, confirmata in sæculum sæculi.

PSAUME 111.

HEUREUX l'homme qui craint le Seigneur, et qui goûte un plaisir extrême dans l'accomplissement de sa loi.

Sa postérité sera puissante sur la terre : la race des justes sera bénie.

L'honneur et la richesse seront dans sa maison : et sa justice subsistera dans les siècles des siècles.

Il s'élève au milieu des ténèbres une lumière pour les cœurs droits : le Seigneur est plein de miséricorde, de tendresse et de justice.

Qu'aimable est l'homme compatissant et généreux, et qui règle ses discours selon la prudence : jamais il ne sera ébranlé.

La mémoire du juste sera éternelle ; il n'a rien à craindre des bruits injurieux.

Son cœur est toujours

BEATUS vir qui timet Dominum : in mandatis ejus volet nimis.

Potens in terrâ erit semen ejus : generatio rectorum benedicetur.

Gloria et divitiæ in domo ejus : et justitia ejus manet in sæculum sæculi.

Exortum est in tenebris lumen rectis : misericors et miserator, et justus.

Jucundus homo, qui miseretur et commodat, disponet sermones suos in judicio : quia in æternum non commovebitur.

In memoriâ æternâ erit justus : ab auditione mala non timebit.

Paratum cor ejus

sperare in Domino, confirmatum est cor ejus : non commovebitur donec despiciat inimicos suos.

Dispersit, dedit pauperibus ; justitia ejus manet in sæculum sæculi : cornu ejus exaltabitur in gloriâ.

Peccator videbit, et irascetur, dentibus suis fremet et tabescet : desiderium peccatorum peribit.

Gloria Patri, etc.

*Ant.* In mandatis ejus cupit nimis.

prêt à espérer dans le Seigneur, il est affermi en Dieu, et il demeure inébranlable, tant qu'il voie ses ennemis abattus.

Il a répandu ses dons sur les pauvres : sa justice demeurera dans les siècles des siècles ; il croîtra en puissance et en gloire.

Le pécheur le verra, et en sera irrité, il grincera des dents, et séchera de dépit ; mais le désir des pécheurs périra avec eux.

Gloire au Père, etc.

*Ant.* Il goûte un plaisir extrême dans l'accomplissement de sa loi.

## PSAUME 112.

LAUDATE, pueri, Dominum : laudate Nomen Domini.

Sit Nomen Domini benedictum : ex hoc nùnc, et usquè in sæculum.

A solis ortu usquè ad occasum : laudabile Nomen Domini.

Excelsus super omnes gentes Dominus : et super cœlos gloria ejus.

Quis sicut Dominus Deus noster qui in altis habitat : et humilia

LOUEZ, serviteurs de Dieu ; louez le Nom du Seigneur.

Que le Nom du Seigneur soit béni, dès ce moment, aujourd'hui, et jusque dans tous les siècles.

Depuis l'orient jusqu'à l'occident le Nom du Seigneur est un sujet de louanges.

Le Seigneur est élevé au-dessus de toutes les nations, et sa gloire est au-dessus des Cieux.

Qui est semblable au Seigneur notre Dieu ? Il s'élève au plus haut pour asseoir son trône, et il abaisse ses regards sur ce qui est au-dessous de lui, dans le Ciel et sur la terre.

Il relève le faible abattu, il fait lever le pauvre de son fumier.

Pour le placer avec les princes : avec les princes de son peuple.

Il rend féconde l'épouse stérile, et l'environne d'enfants qui font le soutien de la maison et la joie de leur mère.

Gloire au Père, etc.

*Ant.* Que le Nom du Seigneur soit béni dans tous les siècles.

respicit in Cœlo et in terrà ?

Suscitans à terrâ inopem : et de stercore erigens pauperem.

Ut collocet eum cum principibus : cum principibus populi sui.

Qui habitare facit sterilem in domo : matrem filiorum lætantem.

Gloria Patri, etc.

*Ant.* Sit Nomen Domini benedictum in sæcula.

### PSAUME 113.

Lorsqu'Israël sortit d'Egypte et la famille de Jacob du milieu d'un peuple étranger.

Juda fut consacré au Seigneur, et Israël devint son empire.

La mer le vit et s'enfuit; le Jourdain retourna en arrière.

Les montagnes bondirent comme le bélier, et les collines comme l'agneau.

Pourquoi, ô mer, fuyais-tu, et toi, Jourdain, pourquoi retournais-tu en arrière ?

In exitu Israël de Egypto : domus Jacob de populo barbaro.

Facta est Judæa sanctificatio ejus : Israel potestas ejus.

Mare vidit et fugit : Jordanis conversus est retrorsùm.

Montes exultaverunt ut arietes : et colles sicut agni ovium.

Quid est tibi, mare, quod fugisti : et tu, Jordanis, quia conversus es retrorsùm.

| | |
|---|---|
| Montes, exultâstis sicut arietes : et colles sicut agni ovium. | Montagnes, pourquoi bondissiez-vous comme le bélier? et vous, collines, comme l'agneau? |
| A facie Domini mota est terra : à facie Dei Jacob, | C'est que la terre s'est émue devant la face du Seigneur, à l'aspect du Dieu de Jacob. |
| Qui convertit petram in stagna aquarum et rupem in fontes aquarum. | Du Dieu qui a changé la pierre en fontaines, et la roche en sources d'eaux vives. |
| Non nobis, Domine, non nobis : sed Nomini tuo da gloriam. | Ce n'est point à nous, Seigneur, ce n'est point à nous qu'est due la gloire : donnez-la tout entière à votre Nom. |
| Super misericordiâ tuâ et veritate tuâ : nequandò dicant gentes : Ubi est Deus eorum? | Par votre miséricorde envers nous, et par votre fidélité à exécuter vos promesses, de peur que les nations ne disent quelque jour : Où donc est leur Dieu ? |
| Deus autem noster in Cœlo : omnia quæcumque voluit fecit. | Notre Dieu ? Il est dans le Ciel; il a fait tout ce qu'il a voulu. |
| Simulacra gentium argentum et aurum : opera manuum hominum. | Les idoles des nations ne sont que de l'or et de l'argent, ouvrages de la main des hommes. |
| Os habent, et non loquentur : oculos habent, et non videbunt. | Elles ont une bouche, et ne parlent point, des yeux, et ne voient point. |
| Aures habent, et non audient : nares habent, et non odorabunt. | Elles ont des oreilles, et n'entendent point; des narines, et point d'odorat. |
| Manus habent, et non palpabunt, pedes habent, et non ambula- | Elles ont des mains, et elles ne sauraient rien palper; des pieds, et elles |

ne sauraient marcher ; un gosier, mais point de voix.

Qu'ils deviennent semblables à ces idoles, ceux qui les ont faites, et tous ceux qui mettent en elles leur confiance.

La maison d'Israël a espéré dans le Seigneur ; il en est le protecteur et l'appui.

La maison d'Aaron a espéré dans le Seigneur ; il en est le protecteur et l'appui.

Ceux qui craignent le Seigneur ont espéré en lui; il est leur appui et leur protecteur.

Le Seigneur s'est souvenu de nous, et il nous a bénis.

Il a béni la maison d'Israël ; il a béni la maison d'Aaron.

Il a béni tous ceux qui le craignent, les petits comme les grands.

Que le Seigneur ajoute encore à ces bénédictions sur vous et sur vos enfants.

Soyez bénis du Seigneur, qui a fait le ciel et la terre.

Les Cieux des Cieux sont au Seigneur, et il a donné la terre aux enfants des hommes.

Les morts ne vous loue-

bunt : non clamabunt in gutture suo.

Similes illis fiant, qui faciunt ea : et omnes qui confidunt in eis.

Domus Israel speravit in Domino : adjutor eorum et protector eorum est.

Domus Aaron speravit in Domino : adjutor eorum, et protector eorum est.

Qui timent Dominum, speraverunt in Domino : adjutor eorum, et protector eorum est.

Dominus memor fuit nostri, et benedixit nobis.

Benedixit domui Israel : benedixit domui Aaron.

Benedixit omnibus qui timent Dominum : pusillis cum majoribus.

Adjiciat Dominus super vos : super vos et super filios vestros.

Benedicti vos à Domino : qui fecit Cœlum et terram.

Cœlum Cœli Domino : terram autem dedit filiis hominum.

Non mortui laudabunt te, Domine : neque omnes qui descendunt in infernum.

ront point, Seigneur, eux qui descendent dans les demeures silencieuses du tombeau.

Sed nos qui vivimus, benedicimus Domino : ex hoc nùnc et usque in sæculum.

Mais nous qui vivons, nous bénissons le Seigneur, nous et nos enfants, dès aujourd'hui, et dans tous les siècles.

Gloria Patri, etc.

Gloire au Père, etc.

*Ant.* Nos qui vivimus, benedicimus Domino.

*Ant.* Nous qui vivons, nous bénissons le Seigneur.

*Au temps de Pâques.*

*Ant.* Alleluia, alleluia, Alleluia.

*Ant.* Louez Dieu, Louez Dieu, Louez Dieu.

### CAPITULE.

Benedictus Deus, et Pater Domini nostri Jesu Christi, Pater misericordiarum, et Deus totius consolationis, qui consolatur nos in omni tribulatione nostrâ.

Béni soit Dieu, le Père de Notre-Seigneur Jésus-Christ, le Père des miséricordes, et le Dieu de toute consolation, qui nous console dans tous nos maux.

℟. Deo gratias.

℟. Rendons grâces à Dieu.

### HYMNE.

Lucis Creator optime,
Lucem dierum proferens ;
Primordiis lucis novæ
Mundi parans originem.

O Dieu, souverainement bon, qui avez créé la lumière ; qui la faites luire tous les jours, et qui avez commencé par elle la création du monde.

Qui manè junctum vesperi,

Vous qui avez voulu qu'on donnât le nom de

Jour à cet espace de temps qui s'écoule depuis le matin jusqu'au soir : maintenant que les ténèbres de la nuit approchent, écoutez les prières que nous vous faisons avec larmes.

Ne permettez pas que notre âme, appesantie par le crime, et oubliant l'éternité, s'engage dans de nouvelles fautes, et soit privée pour toujours de la vie éternelle.

Faites, au contraire, que, par l'ardeur de ses désirs pour le Ciel, elle obtienne cette vie qui ne finira jamais : donnez-nous la grâce d'éviter tout ce qui nous serait nuisible et d'expier toutes les fautes que nous avons commises.

Accordez-nous ces grâces, Père des miséricordes, et vous, Fils unique, égal au Père, qui, avec lui et l'Esprit Consolateur, régnez dans tous les siècles.

Ainsi soit-il.

℣. Que ma prière s'élève vers vous, Seigneur,

℟. Comme l'odeur de l'encens qui brûle en votre présence.

Diem vocari præcipis;
Tetrum chaos illabitur;
Audi preces cum fletibus.

Ne mens gravata crimine,
Vitæ sit exul munere,
Dùm nil perenne cogitat,
Seseque culpis illigat :

Cœleste pulset ostium,
Vitale tollat præmium;
Vitemus omne noxium;
Purgemus omne pessimum.

Presta Pater piissime,
Patrique compar Unice;
Cum Spiritu Paracleto,
Regnans per omne sæculum.

Amen.

℣. Dirigatur, Domine, oratio mea,

℟. Sicut incensum in conspectu tuo.

## CANTIQUE DE LA SAINTE VIERGE.

Magnificat anima mea Dominum.

Et exultavit spiritus meus : in Deo salutari meo.

Quia respexit humilitatem ancillæ suæ: ecce enim ex hoc beatam me dicent omnes generationes.

Quia fecit mihi magna qui potens est : et Sanctum Nomen ejus.

Et misericordia ejus à progenie in progenies: timentibus eum.

Fecit potentiam in brachio suo : dispersit superbos mente cordis sui.

Deposuit potentes de sede : et exaltavit humiles.

Esurientes implevit bonis, et divites dimisit inanes.

Suscepit Israel puerum suum : recordatus misericordiæ suæ.

Sicut locutus est ad Patres nostros : Abra-

Mon âme glorifie le Seigneur ;

Et mon esprit tressaille de joie dans le Dieu mon Sauveur.

Parce qu'il a regardé la bassesse de sa servante ; et voilà que désormais je serai appelée bienheureuse par toutes les générations.

Car il a fait en moi de grandes choses, lui qui est le Tout-Puissant ; et son Nom est saint.

Et sa miséricorde s'étend de générations en générations sur ceux qui le craignent.

Il a déployé la force de son bras : il a déconcerté les superbes, en ruinant les desseins de leur cœur.

Il a fait descendre les puissants du siége de leur grandeur, et il a élevé les petits.

Il a comblé de biens ceux qui souffraient la faim, et a renvoyé les mains vides ceux qui étaient riches.

Il s'est ressouvenu de sa miséricorde, et a pris sous sa protection Israël son serviteur.

Selon la parole qu'il avait donnée à nos Pères,

## VÊPRES DU DIMANCHE.

à Abraham et à sa posté-  
rité, dans tous les siècles.  
 Gloire au Père, etc.

ham, et semini ejus in  
sæcula.  
 Gloria Patri, etc.

# TABLE.

| | |
|---|---|
| Avis. page | 7 |
| Avant-propos. | 9 |
| Chapitre I. Dévotion des habitants de Lille envers Notre-Dame de la Treille. | 19 |
| Chap. II. Description et histoire de la statue miraculeuse de Notre-Dame de la Treille. | 24 |
| Chap. III. Des premiers miracles de Notre-Dame de la Treille. | 29 |
| Chap. IV. Origine de la Confrérie de Notre-Dame de la Treille. | 32 |

## TABLE.

CHAP. V. Institution d'une fête et d'une procession en l'honneur de Notre-Dame de la Treille. page 35

CHAP. VI. Première procession en l'honneur de Notre-Dame de la Treille, et ce qui la suivit. 38

CHAP. VII. Quelques autres détails sur la dévotion à Notre-Dame de la Treille. 47

CHAP. VIII. Philippe, Duc de Bourgogne, consacre les chevaliers de la Toison-d'or à Notre-Dame de la Treille, et fait restaurer sa chapelle. 49

CHAP. IX. Dévotion à Notre-Dame des Sept-Douleurs, annexée à celle de Notre-Dame de la Treille. 55

CHAP. X. Hommages et consécration solennelle de Lille, à Notre-Dame de la Treille. 58

CHAP. XI. Hommages solennels rendus à Notre-Dame de la Treille. 63

CHAP. XII. Miracles de Notre-Dame de la Treille. 77

Oraison à Notre-Dame de la Treille pour les jours de Communion. 90

## NEUVAINE DE MÉDITATIONS

EN L'HONNEUR DE NOTRE-DAME DE LA TREILLE.

Remarques sur le plan de la neuvaine. page 95
Observations concernant l'usage de cette neuvaine. 99
PREMIER JOUR. Hommage à Notre-Dame des Sept-Douleurs. 103
SECOND JOUR. Hommage à Notre-Dame de Bonne-Espérance. 111
TROISIÈME JOUR. Hommage à Notre-Dame de Miséricorde. 116
QUATRIÈME JOUR. Hommage à Notre-Dame de Grâce. 121
CINQUIÈME JOUR. Hommage à Notre-Dame de Paix. 126
SIXIÈME JOUR. Hommage à Notre-Dame de Consolation. 131
SEPTIÈME JOUR. Hommage à Notre-Dame de Bon-Secours. 136
HUITIÈME JOUR. Hommage à Notre-Dame de Pitié. 141

## TABLE.

NEUVIÈME JOUR. Hommage à Notre-Dame de
    Délivrance.    146

Litanies de Notre-Dame de la Treille.    151

Cantique en l'honneur de Notre-Dame de
    la Treille.    156

Méthode pour assister avec fruit au saint
    Sacrifice de la Messe.    159

Vêpres du Dimanche.    169

Lille, imprimerie de L. Lefort, 1843.

www.ingramcontent.com/pod-product-compliance
Lightning Source LLC
Chambersburg PA
CBHW060517090426
**42735CB00011B/2259**